엄마,
수학에 생각을 더하다

ⓒ 박만구, 2017

이 책은 저작권법에 따라 보호받는 저작물이므로 무단전재와 복제를 금하며,
이 책 내용의 전부 또는 일부를 이용하려면 반드시 저작권자와
㈜타임교육 맘스톡의 서면동의를 받아야 합니다.

엄마, 수학에 생각을 더하다

아이, 엄마, 가족이 모두 행복한
놀이와 교구 활용 수학교육법

박만구 지음

"Play Fun, Think Big!"

맘스톡
MOM'S TALK

프롤로그

수학은 셈보다 생각이 먼저다

우리 주변에는 수학이라는 말만 들어도 고개를 내젓는 사람들이 많습니다. 유학 시절, "대학원에서 수학교육을 전공하고 있습니다"라고 저를 소개할 때마다 대부분의 미국 사람들은 감탄하며 "나는 수학이라면 젬병이다"라고 말하곤 했습니다. 미국에서뿐만 아니라 우리나라 사람들도 비슷한 반응을 보이는 경우가 많았습니다. 그만큼 학창 시절에 수학 공부에 대한 기억이 그다지 유쾌하지 않은 사람들이 많다는 의미겠지요. 수학을 잘하는 사람은 마치 특별한 능력을 지닌 것처럼 여기는 것도 수학이라는 과목에 대한 부담감이 크기 때문입니다. 하지만 그런 사람들도 내 아이만은 수학 공부에 흥미가 있기를 간절히 바랄 것입니다.

학창 시절, 수학에 대한 흥미가 없거나 수학이 어려워 결국 포기했던 사람도 수학이 매우 중요한 과목이라는 사실을 부인하지는 못할 것입니다. 수학이 왜 중요한지, 그 이유를 굳이 열거하지 않더라도 대부분의 사람들은 수학이라는 과목이 가진 남다른 무게와 가치에 대해 동의할 것입니다.

수학은 모든 사고의 기본이 된다는 전통적인 이유에서뿐만 아니라 현실적으로도 대학 진학을 위한 수학능력시험에서 가장 비중 있게 변별을 가르는 교과입니다. 따라서 학생은 물론 학부모들이 수학을 대하는 자세는 진지하다 못해 사뭇 비장하기까지 합니다.

실제로 최근 치러진 수학능력시험에서 수학 영역이 어렵게 출제되어 수학 문제를 잘 푼 학생들은 자신이 원하는 대학이나 학과에 대부분 진학할 수 있었습니다. 하지만 만족할 만한 수학 점수를 얻지 못한 학생은 수학 때문에 꿈의 문턱에서 절망하고, 자신의 목표를 수정해야 하는 안타까운 현실과 마주해야 했습니다.

물론 우리는 더 큰 의미에서 수학을 공부하고 이해해야 합니다. 수학을 왜 공부해야 하는지 본질적인 이유를 알고 있는 아이와 그렇지 않은 아이의 학습 태도는 차이가 날 수밖에 없습니다. 대학입시를 위한 수단으로서 수학을 공부하는 것에는 한계가 있고, 수학 자체에 대한 재미와 흥미를 느낄 겨를이 없어 수학에 대한 부담과 스트레스만 높아지게 됩니다.

특히 유아나 초등학생의 수학은 그 자체로 즐겁고 호기심을 자극하는 활동이 되어야 합니다. 놀이와 생활 속에서 수학의 원리를 익히고 수학의 필요성에 대해 스스로 인식하도록 돕는 것이 수학교육의 시작입니다. 사고력 수학도 결국은 우리가 살아가는 데 있어 수학적 사고가 얼마나 중요한지 깨닫게 하는 것에서부터 출발합니다. 수학은 곧 다양한 방법으로 '생각하는 힘'을 기르는 것이고 그러한 능력은 우리 삶의 모든 순간, 모든 영역과 긴밀하게 연결되어 있습니다.

잘하는 수학을 넘어
재미있는 수학의 길을 찾아야 한다

수학은 간단히 말해 논리이고, 패턴이 근간을 이루는 학문입니다. 우리가 살면서 접하는 모든 것의 기저에는 수학적인 아이디어가 깔려 있지만 그것을 다만 인식하지 못할 뿐입니다.

예를 들어, 실생활 속에서 행해지는 단순한 계산과 측정뿐 아니라 어떤 사안에 대하여 상대방과 논쟁을 펼칠 때에도 주장의 핵심은 무엇이고, 어떻게 하면 상대를 더 효과적으로 설득할 것인지 논리적으로 뒷받침하는 것 역시 수학적 사고라고 할 수 있습니다. 아주 단순한 패턴에서부터 증시에 대한 복잡한 현상을 분석해내는 것도 결국 수학을 이용하는 것이며, 우리가 흔히 접하는 자연 현상의 근원에도 일정한 규칙의 수학적 패턴이 숨어 있습니다.

수학은 우리의 삶과 아주 밀접한 관계를 맺고 있지만 친근함보다는 대개 복잡하고 어렵게 느끼는 것은 원리의 이해보다는 계산 능력에 치중했던 기존의 교육방식에서 그 원인을 찾을 수 있습니다. 비교적 수학을 잘하는 아이들 중에도 수학을 싫어하는 아이들이 많다는 것은 이러한 현실을 반영합니다.

TIMSS나 PISA와 같은 국제학업성취도평가에 따르면, 우리나라 학생들은 다른 여러 나라의 학생들에 비해 수학 성적은 최상위권이지만 수학에 대한 태도는 매우 부정적입니다. 안타깝게도 다른 나라의 학생들보다 수학은 잘하지만 수학을 싫어하는 학생들이 많다는 것입니다. 즐겁게 공부하지 못한다는 것은 결국 어느 시점에 도달한 뒤 한계에 부딪히면 더 이상 자발적으로 공부하지 않게 됨을 의미합니다.

　아이들 스스로 문제해결에 대한 희열을 느끼고, 더 깊은 수학적 탐구에 대한 갈증을 느낄 수 있게 수학교육자나 학교 선생님들이 더욱 힘써야 할 부분이기도 합니다.

　이러한 이유로 현재 수학교육의 흐름은 단편적인 지식이나 계산 방법을 익히는 것보다 다양한 장면에서의 문제해결 역량을 강조하는 방향으로 나아가고 있습니다. 급변하는 미래 사회를 살아갈 아이들이 수학적 사고를 통해 단순히 공식에 대입하여 풀 수 없는 비정형적인 문제들을 효과적으로 해결해나갈 수 있는 능력을 갖추는 것에 초점이 맞춰지고 있는 것입니다.

수학, 보고 만지고 느낄 수 있다면 더 이상 어렵지 않다

수학을 싫어하는 가장 큰 이유는 어렵다는 것인데, 그 어려움의 원인은 수학이 눈으로 볼 수 없고 손으로 만질 수 없는 추상적인 아이디어를 대상으로 한다는 점 때문입니다. 대부분의 부모들은 아이의 수학 실력을 높이는 것에만 관심이 있고, 수학을 싫어하지 않게 하는 것에는 관심이 없습니다. 수학은 잘하는 것보다 꾸준히 흥미를 잃지 않도록 하는 것이 더 중요합니다. 그래서 다른 교과보다 부모의 관심과 노력이 더욱 필요하기도 합니다. 특히 수학을 막 시작하는 시기인 유아나 초등학교 저학년 아이들은 수학을 재미있는 놀이처럼 여겨야 앞으로 배움의 여정에서 어려움을 느끼지 않게 됩니다.

추상적인 개념에 대한 이해가 부족한 어린 아이들은 종이에 쓰고 머릿속으로 생각하는 수학은 어렵고 지루할 수밖에 없습니다. '사랑'이라는 단어를 말로 수백 번 설명하는 것보다 아이를 위해 맛있는 요리를 해주고 따뜻하게 안아주며 사랑을 보고 느낄 수 있게 해주는 것이 훨씬 더 효과적인 것처럼, 수학을 공부할 때 아이들이 수학적 원리를 눈으로 보고 손으로 직접 만질 수 있다면 훨씬 더 이해하기 쉬울 것입니다. 이러한 이유로 수학 교구의 활용에 대한 관심이 높아지고 있고, 이에 관한 연구가 활발히 진행 중입니다.

인지학자인 피아제나 수학교육자 카미가 아이들의 수학 공부를 위해서는 교구와 같은 매개물이 필요하다고 주장한 이유도 별반 다르지 않습니다. 그러나 이런 교구들을 어떻게 사용하느냐에 따라 아이들은 수학 개념에 대해 매우 다르게 받아들이게 됩니다. 부모나 교사는 아이들의 수학 학습을 효과적으로 돕기 위해 교구에 대한 올바른 활용 방법과 그에 따르는 효과들을 잘 알고 있어야 합니다.

2017년부터 초등학교 1, 2학년 수학교과서에서는 교구의 활용을 한층 더 강조하고 있습니다. 실제로 교육부에서는 과학 교과와 같이 일정한 수학 교구를 학교에서 구비하여 수학 시간에 활용하도록 하는 '수학교구표준안'을 각 학교에 배포했습니다. 그런데 교사나 학부모들은 수학을 가르치는 데 있어 어떤 교구를 선택하고 그것을 어떻게 사용해야 할지에 대한 이해가 부족한 실정입니다.

이 책은 이러한 현실에서 새롭게 바뀐 교육의 흐름을 반영하여 유아나 초등학교 저학년 아이들이 보다 쉽고, 흥미롭게 수학을 공부할 수 있도록 다양한 교구들을 어떻게 활용하면 좋을지 또 교육기관과 연계하여 가정에서는 어떻게 학습 습관을 길러주면 좋을지 고민하는 학부모들에게 조금이나마 도움을 드리고자 쓰게 되었습니다.

  수학을 사랑하는 학자이자 교육자로서 이 책이 아이들의 수학에 대한 태도를 긍정적으로 바꾸고 수학적 사고를 바탕으로 아이들이 미래에 꿈을 이루는 밑거름이 되기를 간절히 바랍니다.

박만구

● 차례

프롤로그 수학은 셈보다 생각이 먼저다 • 4

 PART 1 수학은 첫 단추 꿰기가 중요하다

1. 수학, 무엇이 다른가 • 17
- 존재하지만 보이지 않는 것에 대한 추론: 수학의 추상성 • 18
- 수학은 정해진 코스를 거쳐야 하는 마라톤이다: 수학의 위계성 • 19

2. 유아·초등 수학, 왜 중요한가 • 23
- 수학의 첫인상이 학습 태도를 좌우한다 • 24
- 뇌가 가장 발달하는 결정적인 시기다 • 27
- 중고등학교 수학에 절대적인 영향을 끼친다 • 29

3. 내 아이의 첫 수학 • 32
- 아이의 흥미에 주목해야 한다 • 33
- 수학의 기초는 놀이로 완성된다 • 36

4. 수학의 힘은 생각에서 나온다 • 39
- 세계 수학교육의 흐름은 '사고력' • 40
- 셈을 잘하는 아이가 수학을 잘하는 것은 아니다 • 42
- 수학은 공식이 아닌 생각으로 풀어야 한다 • 47

수학적 사고를 이끌어내는 놀이와 교구

1. 유아·초등 수학에서 교구의 가치 • 55
- 교구란 무엇인가 • 56
- 뇌를 자극하고 생각하는 연습을 돕는 도구 • 57

2. 교실 속의 수학 교구들 • 61
- 차세대 수학교육의 흐름과 변화 • 62
- 수업에서 교구의 활용은 선택이 아닌 필수 • 65
- 새 교과서에 따른 평가의 흐름과 방향 • 68

3. 개념과 원리, 두 마리 토끼를 잡다 • 72
- 공식이 아닌 원리에서 시작하는 사고력 수학 • 73
- 교구와 연계하는 순간 개념이 보인다 • 76
- 수학의 원리, 교구로 쉽게 깨치기 • 79
- 오류를 바로잡아주는 기특한 교구 • 84

4. 놀면서 배우고 배우면서 즐겁다 • 86
- 수많은 놀이에 숨어 있는 수학적 원리 • 87
- 답이 틀려도 괜찮아, 과정이 즐거운 놀이 수학 • 96
- 다양한 생각을 담는 종이와 연필 밖의 세상 • 99
- 창의력이 높은 특별한 아이로 키워주는 교구 • 102

PART 3 교구와 함께하는 즐거운 수학 시간

연령에 따른 수학 교구 활용법: 연령편

1. 처음 만나는 수 0~3세 • 112
   1) 분류하기 2) 비교하기 3) 규칙성 찾기
2. 수학의 기초를 배우는 유아 수학 4~7세 • 120
   1) 바둑돌 2) 기차 퍼즐 3) 수 연산 세트 4) 페그보드 5) 시계 모형
3. 한 차원 높은 초등 수학 8~10세 • 130
   1) 네 자리 수 수판 2) 분수 학습판 3) 수 개념 저울 4) 수학 거울

영역에 따른 수학 교구 활용법: 영역편

1. 수와 연산 영역 • 136
   1) 도트 도미노 2) 매지믹서 3) 분수 주사위 4) 십진블록
2. 도형 영역 • 144
   1) 입체 도형 2) 쌓기나무 3) 소마큐브 4) 포디프레임
3. 측정 영역 • 153
   1) 여러 가지 측정 도구 2) 쌓기나무 3) 만년달력 4) 양팔저울과 추
4. 규칙성 영역 • 162
   1) 옷걸이 세트 2) 패턴블록 3) 헌드보드 4) 성냥개비
5. 자료와 가능성 영역 • 174
   1) 곤충 모형 2) M&M 초콜릿 3) 그래프보드 4) 확률과 연산 도구들

수학과 가장 쉽게 친해지는 법

1. 보드게임과 친구되기 · 183
- 즐겁게 놀다보면 수학 실력이 쑥쑥, 보드게임 · 184

2. 사고력 수학의 결정판, 수학동화 · 188
- 교구와 함께하는 스토리텔링 수학 · 189

3. 전자식 교구와 수학교육 · 195
- 신개념 창의 교구, 모블로 · 195
- 전자식 교구의 장단점과 미래 · 198

4. 이런 교구가 좋은 교구다 · 200
- 주변의 사물들은 가장 좋은 수학적 재료 · 201
- 아이와 함께 만드는 교구 · 208
- 수학 페스티벌과 교구 체험전의 활용 · 214

5. 교구를 선택할 때 체크할 것들 · 217
- 가짓수만 많다고 하여 좋은 교구는 아니다 · 217
- 아이의 인지발달에 따른 교구 활동 · 223
- 비슷한 교구, 작은 차이가 수학 영재를 만든다 · 226

부록 _ 티칭 가이드
엄마들이 가장 궁금해하는 수학과 교구에 대한 Q&A · 236

PART 1

수학은 첫 단추 꿰기가 중요하다

MATHEMATICS

1
수학, 무엇이 다른가?

고대부터 수학은 인간이 배워야 할 가장 중요한 학문으로 여겨져 왔다. 철학자 플라톤은 자신이 세운 학교인 아카데미아 정문에 "기하를 모르는 사람은 들어오지 말라"고 써 붙인 것으로 유명한데, 그는 수학이 모든 학문의 근간을 이루고 있다고 믿었다.

수학은 오늘날에도 매우 중요한 과목이라는 점에서는 변함이 없다. 실제로 대학입시에서 난이도에 따라 학생들의 변별력을 가르는 가장 결정적인 과목이기 때문이다. 하지만 이런 현실적인 측면 외에도 사고력, 추리력, 문제해결력 등 살아가면서 필요한 지식과 능력을 익힌다는 근원적인 측면에 있어서도 수학의 중요성은 남다르다.

미워하고 싶어도 미워할 수 없어 더 얄미운 수학에 대해 우리는 얼마나 알고 있을까. 그저 너무 강한 상대라고만 생각하고 있는 것은 아닐까. 상대를 잘 모르면 더욱 두렵기 마련, 다른 과목과 구별되는 수학의 면면을 들여다보자.

존재하지만 보이지 않는 것에 대한 추론
: 수학의 추상성

수학은 추상성이 강한 학문이다. 예를 들어 2+3=5라는 간단한 덧셈을 수학적 의미로 설명하고자 할 때, 추상적인 수의 개념을 보다 쉽게 이해하기 위해 구체적인 사물을 사용하는 경우가 많다. 가령, 바둑돌 2개에 바둑돌 3개를 합하면 모두 5개가 된다고 말하는 식이다. 하지만 이때 어린 아이들에게 5가 무엇이냐고 물으면 대부분의 아이들은 바둑돌 다섯 개 전체를 생각하기보다 마지막 바둑돌을 가리키면서 그 바둑돌이 5라고 말한다.

수학의 추상적인 특성은 사고력이 부족한 어린 아이들에게 수의 의미를 정확하게 이해시키기 어려운 이유이기도 하다.

물론 추상적인 개념을 이해하기 어렵던 아이들도 차차 인지발달에 따라 자연스럽게 수의 의미를 이해하게 된다. 그러나 부모는 아이들이 처음 수를 배울 때부터 5라는 수가 가지고 있는 5개를 포함하는 '집합적인 개념'과 5번째의 의미를 가지는 '서수적인 개념'을 구분하여 이

해하도록 도울 필요가 있다. 수를 10까지 빨리 셀 줄 아는 것보다 중요한 것은 수의 이러한 추상적 개념을 보다 정확히 이해하는 것이다. <u>아이의 수학적 사고력은 '개념의 차이'를 아는 것에서부터 시작한다고 할 수 있다.</u>

그렇다면 어린 아이에게 수가 지니고 있는 개념의 차이를 어떻게 이해시키면 좋을까? 수에 대한 폭넓은 이해를 돕기 위해 블록을 하나씩 쌓아보면서 직관적으로 1개부터 5개까지의 달라지는 높이를 인식하게 해보자. 또는 통 속에 바둑돌을 한 개씩 넣어가면서 흔들어보는 방법도 있다. 한 개 넣었을 때의 소리와 두 개, 세 개, 네 개, 다섯 개를 넣었을 때의 소리는 분명 다르게 들릴 것이고, 그 소리를 통해 수의 차이를 느끼게 하는 것이다. 이러한 방법은 하나, 둘, 셋… 또는 일, 이, 삼… 등으로 수를 세는 말인 명명수에 익숙해지게 한다. 유치원이나 학교에서처럼 여러 명이 함께 있을 경우 몇 명씩 짝짓기 놀이를 하면서 집합 수의 의미를, 한 줄로 서서 뒤로 번호를 매기면서 서수의 의미를 자연스럽게 익히는 것도 좋은 방법이다.

수학은 정해진 코스를 거쳐야 하는 마라톤이다
: 수학의 위계성

다른 교과보다 기초가 튼튼하지 않으면 진도를 나갈수록 어려운 과목이 바로 수학이다. 수학의 위계적인 특성 때문인데, 쉽게 말하면 높은 계단을 오를 때 한 번에 오를 수 없고 한 계단씩 올라가야 하듯이 수학은 단계적으로 공부해야 하는 과목이라는 뜻이다.

예를 들어, 초등학교 5학년 수학에서는 크기가 다른 분모끼리의 분수인 '이분모 분수의 덧셈과 뺄셈'의 적용 문제가 나온다. 이 문제를 해결하려면 먼저 이분모 분수의 덧셈과 뺄셈이라는 문제의 의미를 이해해야 하고, 이를 위해서는 공통분모를 구할 수 있어야 한다. 공통분모를 구하려면 분모들의 최소공배수 구하는 방법을 알아야 하고, 최소공배수를 구하려면 공배수와 배수의 개념을 알아야 한다. 마찬가지로 배수의 개념을 이해하려면 곱의 의미를 알아야 하고, 가장 기초적으로는 수에 대한 이해가 있어야 한다. 단계별로 익혀야 할 개념과 지식을 알고 있어야 더 높은 다음 계단에 오를 수 있는 것이다.

- 이분모 분수의 덧셈과 뺄셈의 적용 문제를 해결하기 위한 단계 -

수학을 잘하던 학생도 학년이 올라가면서 어느 한 부분에서 이해가 부족하면 그것이 적용되는 이후의 학습에 어려움을 겪게 된다. 어렵고 하기 싫은 부분만 건너뛰고 싶지만 그럴 수 없는 것 역시 수학의 위계성 때문이다. 따라서 수학교과서를 만들 때도 학생들이 기본이 되는 원리들을 먼저 익히고 차후에 그것을 활용한 심화 내용들을 이해할 수 있도록 단계적이고도 유기적으로 구성한다. 하지만 그럼에도 어느 일정 단계에 오른 뒤 더 이상 심화된 내용을 이해하지 못해 그 자리에만 머물다 결국 수학을 포기하는 학생들이 생기게 된다. <u>선행 학습보다 배운 내용을 꼼꼼히 되짚어보며 기반을 탄탄히 다지는 것이 중요한 이유도 여기에 있다.</u>

수학의 위계성은 어렸을 때 기초부터 차근차근 단계를 밟아나가야만 중고등학생이 되어서도 수학을 어려워하지 않고 잘할 수 있다는 것을 논리적으로 증명한다. 동시에 그와 반대로 아무리 수학적 능력이 뛰어난 천재라도 그 시작은 1, 2, 3… 과 같은 초보적인 수의 개념을 익히는 것에서부터 시작했음을 의미하기도 한다.

수학의 첫 계단 위에 서 있는 0~7세의 아이들은 모든 수학의 기본이 되는 기초 개념들을 익히고 깨닫는 순간임을 감안할 때 아이들이 자신감을 갖고 앞으로 힘차게 도약할 수 있도록 부모의 관심과 격려가 가장 필요한 시기이다.

백 마디 말보다
눈으로 한 번 보여주는 것이 낫다!

약수는 초등학교 5학년 수학에서 배우는 개념이다. 예를 들어 8의 약수는 8을 나누어떨어지게 하는 수인 1, 2, 4, 8을 가리키는데, 아이들에게 이러한 약수의 개념을 설명한 뒤 얼마 지나서 8의 약수를 말해보라고 하면 막상 어려워하는 경우가 있다. 이럴 땐 간단한 교구를 활용하여 추상적인 약수의 개념을 보다 머릿속에 구체적으로 인식하도록 도울 수 있다.

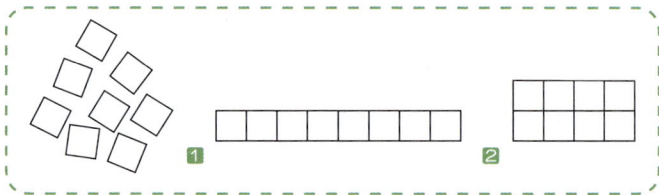

다음과 같이 아이에게 8개의 종이카드(타일이나 블록도 가능)를 나눠주고 모든 카드를 활용하여 다양한 직사각형 모양을 만들어보게 한다. 그리고 각 변, 즉 가장자리에 놓이는 카드의 개수를 물어본다.

❶과 같이 한 줄로 늘어선 기다란 직사각형을 만들었을 경우, 각 변에 놓이는 카드의 수는 1과 8이 된다. 두 번째로 ❷와 같은 모양의 직사각형을 만들었을 경우 각 변에 놓이는 카드의 수는 2와 4가 된다. 이들을 모두 합한 1, 2, 4, 8이 8의 약수가 되는 것을 아이는 눈으로 직접 확인할 수 있는데 이것을 '나누어떨어지는 수'라는 약수의 정의와 함께 이해한다면 그 개념을 보다 명확하게 기억할 수 있을 것이다.

2
유아·초등 수학, 왜 중요한가?

유아·초등 시기는 수학의 각 영역에서 가장 기초적인 개념과 지식을 알아가는 시기다. 기본 원리를 충실히 다지고 견고히 해야 이후의 수학 공부에 어려움을 겪지 않는다는 점에서 시작 단계는 매우 중요하다. 하지만 더욱 중요한 것은 이 시기에 수학에 대한 긍정적인 태도와 학습 습관이 형성된다는 점이다. 수학을 잘하는 아이는 문제를 푸는 능력이 뛰어난 것이 아니라 올바른 학습 습관이 잡혀 있는 경우가 대부분이다. 그리고 그러한 습관은 보통 어릴 때 부모와 어떤 방식으로 수학을 접하고 배웠는지에 따라 다르게 형성된다.

수학은 기본적으로 규칙성(패턴)을 발견하는 학문인데 유아기나 초등학교 저학년 때 이러한 수학의 규칙성에 대해 흥미를 갖고 접근해 본 경험은 이후 학년이 올라가서도 수학에 대한 흥미를 잃지 않고, 꾸준히 공부할 수 있는 원동력이 된다. 이 밖에도 다양한 수학적 경험들이 수학을 배우는 동안 긍정적이고, 적극적인 태도를 이끌어낸다.

수학의 첫인상이
학습 태도를 좌우한다

유아·초등 시기에 수학을 두려워하지 않고 자연스럽게 익힐 수 있도록 부모와 교사들이 관심을 갖고 노력해야 하는 이유는 아이들에게 있어 수학의 첫인상은 매우 중요하기 때문이다.

수학과 운명적인 첫 만남이 이루어지는 유아기 때 부모는 아이에게 수학을 어떻게 소개하면 좋을지, 수학과 빨리 친해질 수 있는 방법은 무엇인지 고민할 것이다. 이 시기의 아이들은 '수학 공부가 수학 공부인지 모르게' 교육해야 하는데 미국수학교사연합 NCTM의 유아 수학교육에 대한 지침을 살펴보더라도 유아적 특성에 따른 차별화된 교육의 필요성을 제시하고 있다. "3~8세 아이들에게 발달적으로 적합한 수학교육이란 수학 학습 환경과 활동에 유아의 인지적 요구뿐만 아니라 사회적, 정서적, 신체적 요구를 함께 고려하여 반영해야 하며, 수학만의 활동이나 시간을 따로 마련하기보다는 모든 활동에서 자연스럽게 통합적으로 이루어져야 한다(NCTM, 1991)."

가령, 체육 시간에 몸으로 숫자를 표현해보거나, 블록을 이용해 탑을 쌓으며 층수를 세어보는 것도 엄연한 수학 활동이지만 아이들은 그것을 공부라고 받아들이지 않는다. 아이들에게 수학 공부는 여러 문제를 능동적으로 탐색하고, 스스로 해답을 찾기 위해 관련 교구들을 만져보며, 친구들이나 교사와의 상호작용이 이루어지는 신체 활동이 되어야 한다. 즉, 교사 주도의 활동이나 주어진 조건 안에서의 반응만이 요구되는 학습지 풀이와 같은 활동은 좋은 방법이 될 수 없다.

가장 좋은 방법은 놀이를 통해 정신적인 사고 활동을 유도하는 것이다. 수학에 대한 어려움을 느끼기 전인 어릴 때 다양한 놀이를 통해 자연스럽게 수학적 사고력을 키우고 수학에 대한 자신감을 심어주어야 한다. 어린 시기에 배우는 수학은 단순한 지식이나 기본 개념들을 습득한다는 의미 외에 수학에 대한 태도에 영향을 준다는 점을 생각해야 하기 때문이다.

어린 아이들의 교과에 대한 태도와 성적이 이후의 학업에 미치는 영향을 연구한 결과 어릴 때 수학에 대한 태도나 성적이 이후의 모든 교과 성적에 가장 큰 영향을 주었다(Duncun et al., 2007 Sarama&Clements, 2010). 우리나라의 비슷한 연구에서도 결과는 마찬가지였다. 어릴 때 수학과 관련한 역할놀이를 했던 경험이 있는 아이들은 이후 수학 교과를 대하는 데 있어 보다 긍정적이고 학습 태도가 좋은 것으로 나타났다(한수연·박용한, 2016).

문제는 어릴 때부터 수학을 싫어하는 아이는 많지 않다는 것이다. 좀 더 복잡한 수학을 접하고 놀이 방식이 아닌 공부 위주의 수학교육을 지속적으로 받게 되면서 수학에 대한 흥미를 잃게 되는 것이다. 이러한 경향은 학년이 올라갈수록 심해지는데 그 이유는 학습량이 점점 늘어나고 내용도 복잡해지기 때문이다. 더 나아가 학교에서의 진도가 학생들의 이해 수준에 비하여 빠르다는 등의 이유가 있다.

한 시민단체의 조사에 따르면, 초등학교에서부터 중고등학교로 올라가면서 수학을 포기하는 소위 '수포자'의 비율 역시 점점 증가하는 것을 알 수 있다. 유아나 초등학교 저학년 시기에는 수학의 원리나 개

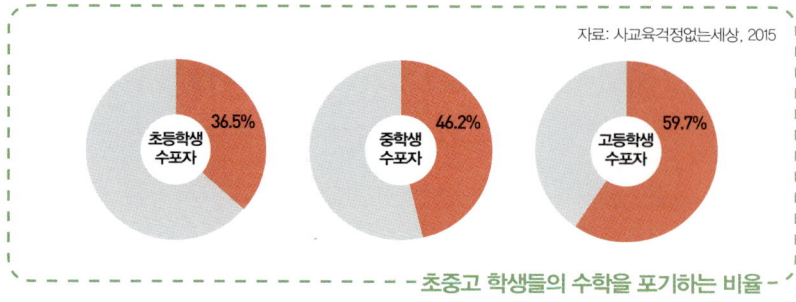
- 초중고 학생들의 수학을 포기하는 비율 -

념을 쉽게 이해했던 아이들이 학년이 올라갈수록 심화되고 복잡해지는 문제에 대해 어떤 원리와 공식을 적용해야 하는지 모르는 경우가 많다는 것을 의미한다. 수학에 있어 단순한 계산 능력과 공식의 암기가 아닌 다방면에서 사고하고 추리하는 능력이 점점 요구되는 이유이기도 하다. 무리한 선행학습으로 수학에 대한 흥미를 잃거나 수포자로 수학 공부를 아예 놓아버리는 시기는 점점 더 빨라지고 있다.

　수학을 열심히 공부해봤자 실생활에서는 딱히 쓸모가 없다는 생각 또한 수학 공부를 더 지치고 힘들게 만든다. 부모는 아이가 수학을 재미있게 접하고 이해할 수 있도록 돕는 것만큼이나 실제 생활에서 수학적 능력이 다양하게 활용될 수 있다는 것을 인식시켜야 한다. 아이가 수학 학습이 의미 있는 경험이라는 확신을 갖는 것은 앞으로 수학 공부를 해나가는 데 있어 매우 중요하다.
　새롭게 바뀐 교육과정에서도 아이들에게 수학 공부가 현실과 밀접한 관계가 있음을 인지시키고, 아이들이 살아가면서 수학적 아이디어가 다양하게 활용될 수 있음을 깨닫게 하는 것에 중점을 두고 있다. 수학적 지식이나 기술이 아이들이 살면서 접하게 되는 문제들을 해결하는 도구임을 인식할 때, 아이들 스스로 수학을 배우는 과정에 의미를 부여하고 가치를 두게 되기 때문이다.

뇌가 가장 발달하는 결정적인 시기다

아기는 약 1,000억 개의 뇌 세포를 가지고 태어난다. 아기가 자라면서 뇌 세포의 수는 거의 늘어나지 않지만 뇌 신경세포 사이를 연결하는 '시냅스'는 기하학적으로 늘어나 약 1,000조 개 정도가 된다. 이 시냅스가 생겨나면서 뇌의 크기가 점점 커지고 발달하게 되는 것이다.

시냅스는 태어난 이후부터 돌 무렵까지 가장 폭발적으로 성장하고, 10살 정도 될 때까지 꾸준히 증가하여 사춘기 무렵인 12살 이후부터 서서히 줄어든다(신동호, 2017).

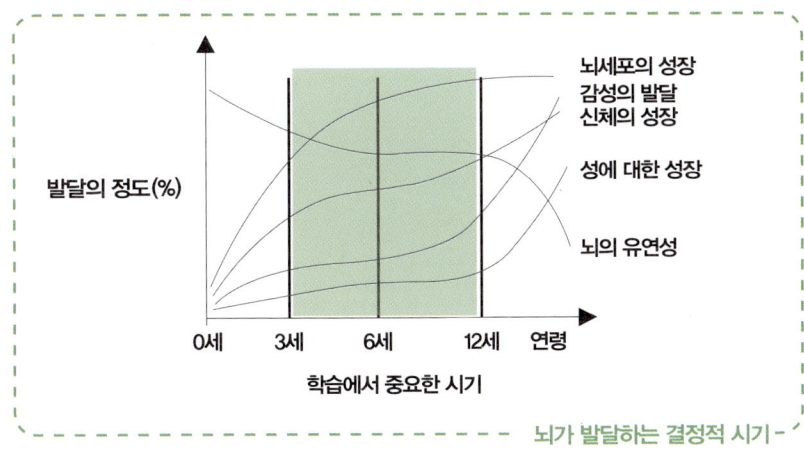

우리의 뇌는 0~10세까지 지적 자극에 대해 가장 민감한 시기로 이 때 뇌를 자극하고 발달시켜야 학습 효과가 높으며 이 시기에 습득한 지식들은 이후 성인이 되어서도 지식의 기본이 되고 근간을 이룬다는 사실이 여러 연구에 의해 밝혀졌다.

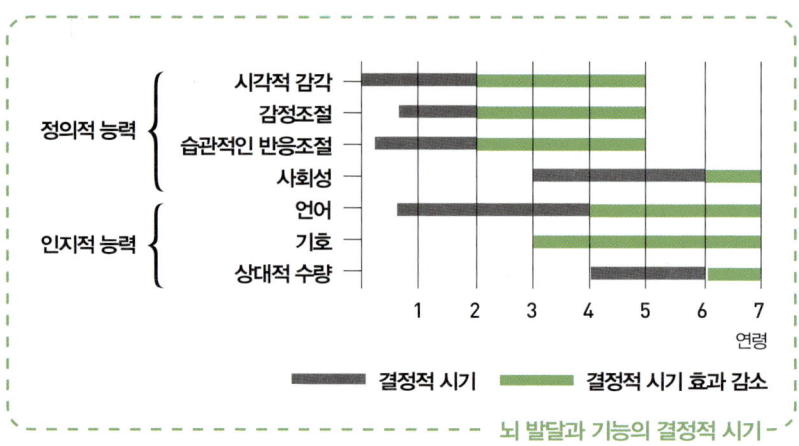
뇌 발달과 기능의 결정적 시기

오랫동안 뇌를 연구해온 일본의 하야시 나리유키는 뇌 발달에 있어 보다 구체적으로 3세, 7세, 10세가 터닝 포인트라고 주장한다. 그 이유는 뇌 신경세포의 수가 3~4세 사이에 가장 많이 발달하고, 그 이후 7세까지는 약간 더디게 발달하는 '솎아내기 현상'이 나타나기 때문이다. 그리고 7~10세 사이는 이 솎아내기 현상이 끝나고 뇌 신경세포의 수가 안정되어가는 시기에 접어든다. 뇌 과학 발달의 관점에서 보면 이 시기에 보다 흥미 있고 재미있는 자극을 적절하게 제공할 필요가 있다는 것이다.

나리유키 뿐만 아니라 뇌 발달 분야의 많은 과학자들이 유아·초등 시기에 주목하고 있다. 뇌 신경세포 사이를 연결해주는 시냅스는 마치

나무와 나무 사이를 연결하는 가지와 같은데 유아·초등 시기가 그 연결을 가장 활발하게 만들어내는 즉, 나무의 가지가 무성하게 뻗어나가는 성장의 '결정적인 시기'라는 것이다. 이 결정적인 시기가 지나면 시냅스가 새로 생기는 것은 불가능하다고 주장한다. 따라서 이 시기에 신체 활동을 동반한 뇌에 적절한 자극을 줄 수 있는 수학적 경험을 다양하게 할 수 있게 도와야 한다.

뇌를 자극하려면 새롭고 즐거워야 하며, 몸으로 느껴야 한다. 아이들의 뇌가 수많은 나무들로 이루어져 있다면 지적 자극은 그 나무들이 잘 자랄 수 있도록 하는 자양분인 셈이다.

무엇보다 중요한 것은 정신적 혹은 행동적 패턴이 영아나 유아기에 한 번 정해지면 초등학교에 입학한 후에는 교정이 점점 더 어려워진다는 것이다(Melhuish, 2007). 따라서 유아기나 초등학교 저학년 때 교육을 통해 아이의 생활 및 습관 형성에 심혈을 기울일 필요가 있다. 학습에 있어서는 흥미를 가지고 자연스럽게 배우고 익히는 즐거움을 알도록 하는 것이 중요하다.

중고등학교 수학에 절대적인 영향을 끼친다

유아기나 초등학교 저학년 때는 놀이 상황에서 초보적인 수학을 배우게 되지만 점차 학습 수준이 올라가면서 기초가 부실한 아이는 중간에 수학을 포기하기도 한다. 모든 수학은 기초를 확실히 다지고 일정 단계를 습득해야만 보다 고차원적인 학습이 가능하다는 수학의 위계적인 특성에 대해서는 이미 언급한 바 있다.

최근 개정된 수학과 교육과정에서도 유치원의 누리과정과 초등학교 저학년 교육과정의 연계성을 더욱 강조했다(교육부, 2015). 이는 유치원에서 배운 수의 개념이 초등학교에서도 자연스럽게 이어지고 그것을 바탕으로 점진적인 심화과정이 될 수 있도록 하기 위해서다. 하나의 연결고리처럼 초등학교에서 중학교, 중학교에서 고등학교로 이어지는 과정도 이와 마찬가지로 우리나라의 수학과 교육과정은 모두 연계되어 있다.

이차방정식을 하나 풀려고 해도 유아기 때 배우는 수를 셀 줄 알아야 하고, 수학 기호를 이해해야 하며, 초등학교 저학년 때 배우는 기본적인 계산인 덧셈과 뺄셈을 할 줄 알아야 한다.

실제 중학교 3학년에서 배우는 이차방정식의 풀이과정을 함께 생각해보자.

> 다음 방정식의 해를 구하여라
> $x^2 - 5x + 6 = 0$

이 문제를 풀기 위해서는 다음과 같은 절차를 거쳐야 하는데, 풀이 순서에 따라 다음 단계의 밑바탕이 되는 지식과 이해를 사전에 갖추고 있어야 한다.

우선 '방정식의 해를 구하라'라는 말의 의미를 이해해야 한다.
즉, 방정식의 해는 x대신에 어떤 수를 넣어 식을 만족하는 수라는 사실을
알아야 한다.
이를 위해서는 AB=0 ⇔ A=0 또는 B=0임을 이해해야 한다.
이는 초등학교에서 배운 '어떤 수에 0을 곱하면 그 계산의 결과는 모두 0이
된다'는 곱셈의 원리를 적용해야 한다.
따라서 방정식 $x^2-5x+6=0$의 해를 구하기 위해서는 방정식을
AB=0의 꼴로 만들어야 한다.
그러기 위해 이차식 x^2-5x+6을 인수분해해야 하는데,
인수분해를 하려면 약수와 배수의 개념을 알아야 한다.
그리고 $x^2+(a+b)x+ab$ ⇔ $(x+a)(x+b)$이 됨을 이해해야 한다.
따라서 이차식 $x^2-5x+6=(x-2)(x-3)$ (초등학교 곱셈과 인수의 이해)이고,
이는 더 이상 정수에서 곱의 꼴로 분해가 되지 않으므로
(x-2)(x-3)=0 (AB=0의 꼴로 만들어야 함의 이해)
(x-2)=0 또는 (x-3)=0 (AB=0 ⇔ A=0 또는 B=0의 이해)
x=2 또는 x=3 (초등학교 뺄셈의 적용)이 되어,
비로소 이 이차방정식의 해 2 또는 3을 구할 수 있게 된다.
☆

이와 같이 중고등학교의 수학은 대부분 초등학교에서 배운 내용을 토대로 이해할 수 있으므로, 유아·초등 시기부터 기초적인 수학을 충실하게 배우는 것이 중요하다.

3

내 아이의 첫 수학

아이가 수에 대해 처음 관심을 보이기 시작한 순간부터 엄마표 수학 교육이 시작된다. 수에 대한 개념은 실생활에서 자연스럽게 알게 되는 경우도 있고 책이나 주변의 다양한 시각물을 통해 경험하기도 한다. 수에 대한 인식은 아이가 수를 셀 수 있고 그것의 크고 작음을 구분할 수 있음으로써 표현된다. 하지만 아이의 수학이 수 세기에서부터 시작하는 것은 아니다. 정확히 말하면 아이의 수학은 '생각하는 것'에서부터 시작되고, 그 과정은 아이의 내재된 잠재력과 깊은 관련이 있다.

아이는 수의 개념과 원리에 대해 스스로 생각하고 잠재력에 의해 그것을 더 발전시키고 확장해간다. 이러한 과정은 유아기를 지나 초등 시기가 되어서도 마찬가지다. 아이의 잠재력은 어떤 계기나 동기에 의해서 스스로 발현된다. 그러한 동기를 만들어주는 것이 바로 엄마표 수학교육에 있어 가장 중요한 핵심이라고 할 수 있다.

아이의 흥미에 주목해야 한다

아이가 처음 수에 대해 인식하고, 간단한 덧셈과 뺄셈을 할 수 있게 되는 유아기에는 모든 수학적 원리들을 자연스럽게 익히도록 하는 것이 좋다. 초보적인 수학을 처음 접하는 때인 만큼 스스로 깨우치도록 지켜봐주는 엄마아빠의 역할에 따라 아이의 수학적 잠재력은 달라질 수 있다. 소크라테스 등 일부의 학자들이 "어린 아이들은 처음부터 모든 능력을 가지고 태어났고, 이것은 적절한 환경을 만들어주었을 때 비로소 꽃을 피운다"고 주장했듯이 아이들은 누구나 잠재력을 가지고 있고, 외부의 영향에 의해 그 잠재력은 더욱 커지기도 하고 사라지기도 한다.

아이의 수학적 잠재력을 키워주기 위해서는 일단 아이의 흥미가 무엇인지 파악해야 한다. 어른들도 그렇지만 아이들은 특히 자신이 좋아하는 것을 쫓아서 행동하는 성향이 강하다.

피아제Jean Piaget는 아이들은 누구나 새로운 것을 스스로 배워가는 것을 즐기고 또 그런 능력이 있다고 보았다. 어린 아이들의 뇌는 살아있는 유기체로서 불균형의 상태를 평형한 상태로 만들기 위해 자발적으로 끊임없이 작동한다고도 주장했다. 따라서 어른들은 아이들이 흥미를 가질 만한 상황 또는 인지적으로 혼란한 상황에 빠트리는 역할만 하고, 아이들 스스로 그 상황을 헤쳐나올 수 있도록 해야 한다는 것이다.

아이들은 저마다 흥미 있는 분야가 각각 다르기 때문에 옆 집 아이가 무엇을 잘한다고 하여 불안해하거나 자신의 아이에게 억지로 시키면 효과가 없을뿐더러 심한 부작용을 겪을 수 있다. 특히 너무 같은 내용을 반복하거나 암기하도록 강요하면 오히려 새로운 것을 배우려는 아이들의 의지를 꺾는 일이 될 수도 있다. 그 이유는 <u>뇌의 특정한 일부 회로만 계속 자극하기 때문에 고른 발달을 저해하고, 더 해로운 것은 일부 회로에 과부하가 걸려 그 부분의 작동이 멈출 수 있기 때문이다.</u>

부모는 이 시기의 아이들이 무엇에 흥미와 호기심을 느끼는지 관찰하여 적절한 질문을 통해 아이의 관심사와 수학을 자연스럽게 연계하는 방법을 찾아야 한다. 다양한 물건이 있고, 숫자들을 자연스럽게 접할 수 있는 시장이나 마트도 수학을 배우기에 좋은 환경이 될 수 있다. 여행을 통해 낯선 환경에서 조약돌 혹은 나뭇잎들을 세며 수와 친해지는 방법도 좋다. 이것은 비단 수학에만 국한된 것이 아닌 모든 교과에 적용될 수 있는 얘기다.

흥미와 호기심은 아이들 스스로 공부거리를 찾도록 하는 자동차의 엔진과 같은 것이다. 이 자동차의 엔진이 잘 돌아갈 수 있도록 연료를 제공해주는 일, 즉 적절한 환경을 만들어주는 것은 부모의 몫이다.

엄마는 아이의 흥미를 잘 진단하는 유능한 의사가 되어야 한다

어린 아이들의 수학은 일반적인 어른들의 수학과는 다르다. 유아 수학에 대해 연구한 카미는 덧셈을 할 줄 모르는 어린 아이들에게 3+5의 계산을 주문했다. 그 결과 5라고 답하는 아이들이 제법 많았다. 그 이유에 대해 카미는 어린 아이들은 어른들과 전혀 다르게 생각한다는 결론을 얻었다(Kamii, 2000).

어른들은 바둑돌 3개에 5개를 더하면 적어도 5개는 될 수 없다고 생각한다. 그러나 이것은 덧셈의 개념을 이해하는 어른들의 생각이다. 어린 아이들은 이런 질문을 받으면 처음의 3개를 뒤의 5개에 이미 포함시켜 세기 때문에 모두 5개라는 답을 의심하지 않고 할 수 있다. 이 시기의 아이들은 부분과 전체의 관계를 명확하게 이해하지 못하기 때문이다. 어른의 입장에서는 너무 당연한 것도 아이의 입장에서는 전혀 다른 상황이 될 수도 있는 것이다.

부모는 아이와 눈높이를 맞춰야 한다. 마치 의사가 환자의 신체나 정신의 상태를 진단하여 적절한 처방을 하듯 아이가 무엇을 궁금해 하고 흥미 있어 하는지 세심하게 관찰할 필요가 있다. 아이에게 질문하고 비록 엉뚱한 답일지라도 귀 기울여 듣는 것에서부터 아이의 잠재력은 깨어나고 성장할 준비를 갖추게 된다.

수학의 기초는
놀이로 완성된다

유아들은 특히 놀이를 통해 배우고 익히는 과정에서 잠재력을 발휘하는 경우가 많다. 가르쳐주는 것을 그대로 따라하는 학습방식이 아니라, 스스로 생각하여 판단하고 결정하는 놀이에서 아이의 뇌는 활성화되고 진화하기 때문이다. <u>수학적 지식은 교사로부터 전수되는 것이 아니고 유아 자신에 의해 스스로 구성되는 것이라는 점에서 놀이를 통한 교육은 매우 중요하다.</u> 유아 수학에 대해 연구한 카미Kamii와 드클락Declark 역시 놀이를 통한 접근은 자연스러우면서도 아이들이 '자신의 수학'을 만들어가도록 한다는 점에서 의미가 있다고 말했다.

아이와 함께 10개의 공깃돌을 가지고 놀다가 일부를 숨기고, 남은 공깃돌 수를 세어 숨긴 공깃돌의 개수를 알아맞히는 '10의 보수 맞추기' 놀이는 덧셈과 뺄셈의 기초가 된다. 또 신발장에 나란히 놓인 가족들의 신발을 세어보면서 2의 배수 원리를 배울 수도 있다. 일부 부모들은 학교에 들어가기 전부터 아이에게 공식 등을 외우게 하거나 계산법을 무리하게 주입시키는 경우가 있는데, 이는 오히려 아이들에게 수학에 대한 부정적인 태도를 가지게 하여 이후의 수학 공부에 방해 요소만 될 뿐이다.

앞서 얘기했듯이, 어린 나이의 아이들일수록 자신이 수학 공부를 하고 있다고 느끼지 않도록 자연스럽게 수학의 원리를 익히게 하는 것이 중요하다. 예를 들면, 아이와 시장 놀이를 하다가 과일이나 채소의 수를 세어보거나, 어떤 것을 먼저 사야 할지 얘기하며 수의 순서를 익히는 방법이다. 〈백설공주〉와 같은 동화책을 읽다가 이야기 속에서 "일곱 난쟁이와 백설공주가 한집에 있으면 모두 몇 명일까?" "일곱 난쟁이 중에 3명이 일을 나가면 집에 몇 명이 남을까?" 하는 식으로 10 이하의 간단한 자연수의 덧셈과 뺄셈을 생각해보게 할 수 있다. 작은 빈 상자들을 쌓아가면서 여러 방향에서 어떻게 보이는지 그림으로 그려보거나 쌓아놓은 상자의 개수가 모두 몇 개인지 맞추는 놀이도 쉽고 재미있게 수학과 친해질 수 있는 활동이다.

규칙적으로 반복되는 모양의 순서를 알아맞히는 놀이를 하며 수학의 규칙성을 발견해보는 방법도 있다. 스토리텔링 방식으로 다람쥐가 숲속에서 먹이를 찾아가고 있는 장면을 설정하여 자연스럽게 화살표 방향의 규칙을 발견하게 하는 것이다. 이때 종이로 화살표를 만들어 아이가 실제로 바닥에 직접 놓아보게 하면 더욱 좋을 것이다.

아이가 놀이 속에서 배우는 즐거움에 빠져 있는 순간이 바로 아이의 생각이 자라는 시간이다.

놀라운 놀이의 효과

놀이는 아이들을 자연스럽게 어떤 상황에 빠져들게 한다. 그러므로 자신이 수학에 관한 공부를 하고 있다고 생각하기 보다는 놀이를 하고 있다고 생각하면 그 상황 속에 더욱 집중한다. 또한 그 안에서 수학 개념을 자연스럽게 익히고 놀이로서 다양한 원리들을 더 오래 기억한다. 이러한 놀이의 효과를 증명하듯 초등학교 저학년 수학교과서에는 〈놀이수학〉이라는 이름으로 놀이를 통해 수학을 공부하는 코너가 있다.

가령, 유치원생 수준의 아이들도 주사위 2개를 가지고 간단한 덧셈이나 뺄셈 놀이를 할 수 있다. 주사위 2개를 번갈아 던져서 나온 두 눈의 합이나 차를 구하는 것이다. 세 번 던져서 그 합이 가장 크거나 가장 작은 사람이 이기는 방식 등 놀이 규칙도 아이들 스스로 정할 수 있다.

이때 주사위를 부모와 아이가 함께 두꺼운 종이로 직접 만들어보는 것도 좋다. 큰 종이에 정육면체의 전개도를 그린 뒤 오려 접어서 만드는 과정에서 아이는 정육면체의 전개도를 자연스럽게 접하게 된다. 도형의 전개도는 초등학교 고학년에서 배우는 과정이므로 부모가 만드는 것을 아이가 옆에서 지켜보거나 따라 만들어보는 정도만으로도 충분하다.

4
수학의 힘은 생각에서 나온다

수학은 순전히 머릿속에서 이루어지는 작용을 대상으로 한다. 우리가 수학을 공부하는 이유도 머릿속에서 스스로 구성하고 생각하는 힘을 키워주기 위한 것이다. 수학에 있어 생각의 힘은 곧 '수학적 힘'이라고 할 수 있다. 이렇듯 수학 공부의 목적은 수학교육자들이 말하는 도야적 측면의 '사고력 키우기'가 될 수 있는데 이에 기인하여 많은 사람들은 수학을 공부하면 머리가 좋아져서 다른 과목도 모두 잘하게 된다는 믿음을 가지고 있다.

하지만 이런 수학의 궁극적 목표를 이루기 위해서는 아이들이 수학 공부를 하는 동안 다양한 생각을 해볼 수 있는 기회를 가능한 많이 제공해주어야 한다.

공식을 이용해 정확히 떨어지는 답을 구하는 것에 익숙해진 아이보다 다양한 방법을 스스로 모색하고 그 과정에서 성취감을 맛본 아이의 사고력은 다를 수밖에 없다.

세계 수학교육의 흐름은 '사고력'

이전의 수학교육은 주로 계산 능력의 신장이 주류를 이루었지만 최근 수학교육의 세계적인 흐름은 계산 능력을 포함하여 보다 광범위한 능력을 기르도록 하고 있다. 전 세계 수학교육의 흐름에 큰 영향을 끼치는 미국수학교사연합 NCTM에서는 수학교육의 목표를 수학적 힘 Mathematical Power을 지니는 것에 두고 있다.

수학적 힘이란 문제해결을 위해 수학적인 방법을 다양하게 사용하는 능력뿐 아니라 틀에 박혀 있지 않은 비정형적인 해결을 위해 탐구하고, 추측하고, 논리적으로 추론하는 능력을 말한다. 그리고 아이들이 수학을 공부하는 과정에서 문제해결, 추론과 증명, 의사소통, 연결

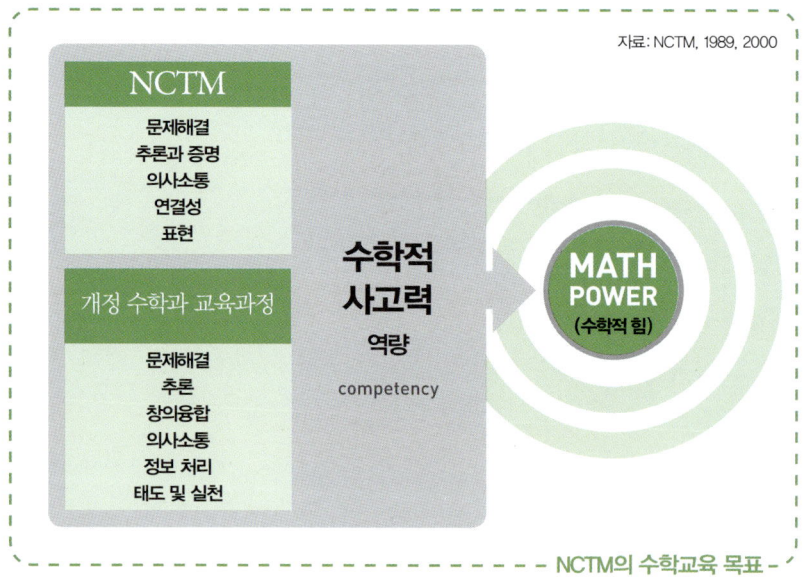

NCTM의 수학교육 목표

- 우리나라 수학 교과의 6가지 역량 -

성, 표현 능력을 강조한다. 수학 교구나 공학 도구의 활용도 적극 권장하고 있다.

2017년도부터 적용된 우리나라의 개정 수학과 교육과정에서도 단순한 지식의 암기나 계산 능력의 신장보다는 교과 역량을 함양하도록 하고 있다. 예를 들어, 2017년에 초등학교에 입학한 아이들은 원주율(π)을 '3.14'로 암기하는 대신 원주율을 구하는 원리를 배우게 된다. 원주율을 넣어 계산하는 복잡한 문제풀이 때문에 아이들이 수학적 사고를 제대로 배우지 못하고 오히려 수학에 흥미를 잃게 된다는 판단에서다. 소수와 분수가 섞인 복잡한 계산 또한 배우지 않게 된다.

수학과 교과 역량은 크게 문제해결, 추론, 창의·융합, 의사소통, 정보 처리, 태도 및 실천의 6가지로 단순히 주어진 문제를 해결하는 것에 그치는 것이 아니라 미래의 예측하기 쉽지 않은 문제들을 수학적 사고를 기반으로 효과적으로 해결하도록 하는 데 초점을 맞추고 있다.

셈을 잘하는 아이가
수학을 잘하는 것은 아니다

연산은 수학을 잘하는 데 있어 필수적이지만 연산을 잘하는 것만으로는 수학 실력을 높이기에 충분치 않다. 오히려 과도한 연산의 반복은 아이를 점점 수학과 멀어지게 만든다. 반복은 어떤 학습이든 가장 기본이 되는 학습 방법이지만 특히 유사한 연산의 반복은 장기적인 수학 공부에 독이 될 수 있다.

　유아기나 초등학교 저학년들의 수학은 단계적으로 수에 대한 개념 파악과 기초적인 계산이 많은 부분을 차지하지만 초등학교 고학년만 되더라도 연산은 다른 영역의 활용에 있어 필요할 뿐 연산이 학습의 주가 되지는 않는다. 아래의 그림과 같이 미국의 수학과 교육과정 역시 유아기와 초등학교 저학년 시기에는 수와 연산이 많은 부분을 차지하다가 점차 고학년이 될수록 방정식과 같은 대수 그리고 문제해결

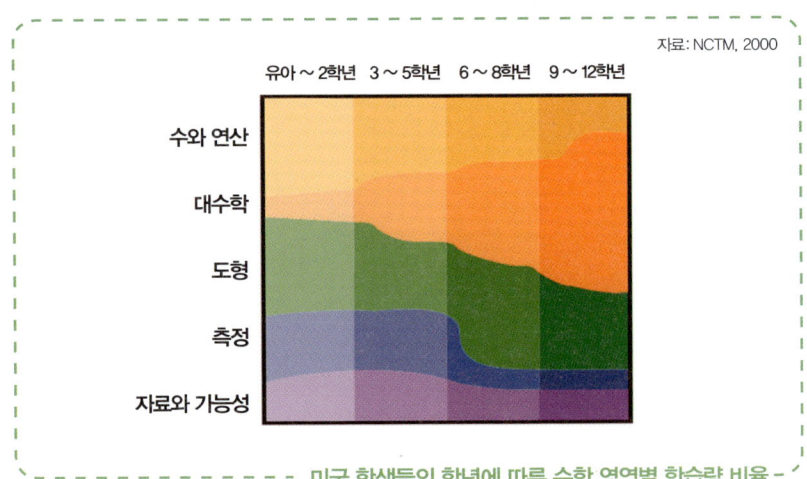

미국 학생들의 학년에 따른 수학 영역별 학습량 비율

이나 도형의 규칙성과 관련된 부분이 더 많아진다.

물론 수학 공부를 하는 초기에 연산 능력을 튼튼히 다지는 것은 중요하다. 하지만 과도하게 연산 문제 풀이만 반복하다보면 아이들은 연산이 곧 수학이고, 수학은 매우 지겹고 복잡한 과목이라 여기며 어느 순간 수학 공부에 흥미를 잃고 만다.

실제로 뇌 과학의 관점에서 보면, 우리의 뇌는 새로운 정보는 적극적으로 받아들이지만 유사한 신호에 지속적으로 노출되면 더 이상 그 기능을 하지 않고 멈춘다. 유사한 신호로 뇌 세포를 혹사시키면 스트레스와 기억력 감퇴는 물론 신체적으로도 소화불량과 같은 부작용이 생기기도 한다(서유헌, 2015).

연산이라고 하여 단순히 공식을 적용하여 문제를 빨리 푸는 연습을 많이 시키기 보다는 연산의 원리를 이해하면서 생각하도록 하는 문제를 많이 풀어보는 것이 좋다.

예를 들어, 초등학교 저학년의 두 자리 수의 덧셈과 뺄셈 문제를 생각해보자. 대부분 교과서에 제시된 문제는 '37 + 46을 계산하시오' 등과 같은 형식이다. 그런데 이런 문제는 주로 세로로 두 수를 나란히 쓴 후에 다음과 같이 기계적으로 계산하도록 하게 할 뿐, 아이들에게 생각할 여지를 많이 주지는 못한다.

그러나 조금 변형된 다음과 같은 문제는 아이들에게 좀 더 다양한 생각을 할 수 있도록 유도한다.

> **문제** 4장의 숫자카드 2, 3, 5, 7이 있다. 이 숫자카드를 다음 □안에 넣어 계산하려고 한다. 물음에 답하시오.
>
> $$\begin{array}{r} \square\square \\ +\ \square\square \\ \hline \end{array}$$
>
> 1) 서로 다르게 계산할 수 있는 방법은 모두 몇 가지인가?
> 2) 합이 가장 큰(혹은 작은) 경우를 구하시오.

이와 같은 문제를 풀기 위해서는 합이 서로 다른 가짓수를 생각하고 논리적으로 추론해야 한다. 그리고 합이 가장 큰 경우나 가장 작은 경우를 생각하려면 자릿값의 의미를 이해해야 하고, 다시 논리적 추론에 의하여 값을 구해야 한다. 즉, 합이 가장 크게 되도록 하려면 십의 자리에 가능한 큰 수가 와야 하므로, 5나 7의 숫자카드를 놓아야 된다는 생각에 이르기까지 다양한 사고의 과정을 거친다.

이런 방식으로 아이들에게 좀 더 생각을 많이 하도록 하는 것은 덧셈보다는 곱셈이다. 곱셈은 답이 달라지는 경우의 수가 더 많기 때문이다. 이와 같이 수학 공부는 단순한 계산보다는 사고력을 키우는 방향으로 할 필요가 있다.

곱셈구구도 무조건 외우게 하기 보다는 이해를 바탕으로 적절한 반복에 의해 외우는 것이 필요하다. 보통 연산은 그것 자체로 필요하기

보다는 다른 문제를 해결하기 위한 기능으로써 익히는 경우가 대부분이기 때문이다. 생활 속에서 쉽게 연산의 원리를 이해할 수 있도록 아이들과 마트에 갔을 때 "5개씩 6줄이 있는 계란 한 판은 모두 몇 개일까?" 혹은 "3대의 계산대에 7명씩 줄을 섰을 때 사람 수는 모두 몇 명일까?" 등의 자연스러운 질문을 통해 생각을 유도하는 것도 좋은 방법이다.

연산은 수학 공부에서 아주 기초적인 부분일 수 있다. 하지만 아이의 연산 능력 향상을 위해 매주 많은 양의 학습지를 풀게 하는 부모들이 제법 많다. 반복되는 유사한 연산 풀이에 지친 아이들은 수학의 논리적 추론 및 창의적인 문제해결에서 느낄 수 있는 짜릿한 희열감을 맛보기 전에 수학에 대한 좋지 못한 선입견을 갖게 된다.

문제를 스스로 해결했을 때 느끼는 성취감은 앞으로 초등학교 고학년 그리고 중고등학교에서 배우게 되는 좀 더 고차원적인 수학으로 나아가게 하는 중요한 동력이 된다. 그저 외운 것을 기계적으로 산출하여 답을 구한 아이에게 이러한 동력을 기대하는 건 부모의 욕심일 뿐이다.

곱셈구구, 원리를 알면
외우기도 쉽다

연산도 그 계산의 원리를 생각해야 한다. 가령, 초등학교 2학년 때 나오는 곱셈구구를 과거 방식대로 무조건 외우도록 한 뒤 아이에게 2×4가 얼마인지 물어보면 외운 것을 토대로 단번에 답을 말하는 아이도 있고, 2단의 곱셈구구를 앞에서부터 외우다가 8이라고 대답하는 아이도 있을 것이다.

하지만 두 경우 모두 2단의 곱셈구구는 2를 반복적으로 더해가는 것이라는 것을 이해하고 있는지는 알 수 없다. 빨리 답을 구하는 것보다 아이 스스로 곱셈구구의 규칙성을 발견했느냐가 무엇보다 중요하다.

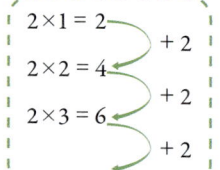

원리를 알고 있는 아이는 2단 곱셈구구는 2씩 커지므로 2×4은 2×3보다 2가 더 큰 수가 됨을 말할 수 있을 것이다.

곱셈은 같은 수를 여러 번 더하는 것으로 곱셈구구표를 아이와 함께 만들면서 숨어 있는 규칙들을 찾다보면 원리의 이해는 물론 보다 쉽게 곱셈구구를 외울 수 있다.

x	1	2	3	4	5	6	7	8	9
1	1	2	3	4	5	6	7	8	9
2	2	4	6	8	10	12	14	16	18
3	3	6	9	12	15	18	21	24	27
4	4	8	12	16	20	24	28	32	36
5	5	10	15	20	25	30	35	40	45
6	6	12	18	24	30	36	42	48	54
7	7	14	21	28	35	42	49	56	63
8	8	16	24	32	40	48	56	64	72
9	9	18	27	36	45	54	63	72	81

[곱셈구구표]

수학은 공식이 아닌
생각으로 풀어야 한다

독일 태생의 수학자 한스 프로이덴탈Hans Freudenthal은 아이들에게 수학을 가르칠 때 현실과 결부된 교육을 해야 한다고 주장했다. 다양한 실생활의 예를 들어 상상력을 유발하고, 감정이입할 수 있는 문장들로 수학 공부를 유도해야한다는 것이다.

가령, 길이의 비와 너비의 비를 가르칠 때 〈걸리버 여행기〉의 걸리버와 소인국 사람이 입은 옷을 예로 들며 스토리텔링 방식을 사용하면 아이들이 훨씬 더 이해하기 쉽고 오래도록 기억한다는 논리다.

그는 '안내된 재발명'이라는 학습법을 제안했는데 교사나 부모는 아이들이 수학자가 이론을 만드는 과정을 경험하게 하고, 발명된 수학적 이론을 아이 스스로 다시 만들어가도록 교육해야 한다고 했다. 이처럼 아이들은 수학 공부 자체가 끊임없이 수학을 발명해가는 경험이 되어야 한다. 이것은 곧 앞서 얘기한 '자신의 수학'을 만들어가는 것과 일맥상통한다.

서울교육대학교에는 과학영재교육원이라는 곳이 있는데, 이곳은 말 그대로 영재성이 있는 초등학교 학생들을 교육하는 곳이다. 이 영재원에서는 각 분야의 전문가 및 교수들이 아이들의 생각하는 힘과 창의성 발달에 초점을 두고 다양한 방법으로 아이들을 교육하며 재능을 이끌어내고 있다.

영재원에서 행해지는 많은 수학 활동 중에 정답은 하나인데 풀이 방법이 다양한 문제, 혹은 정답이 없거나 정답이 잘 알려져 있지 않은 문제들을 제시하여 아이들이 다양하게 접근할 수 있도록 할 때가 있다. 예를 들면, 교사들에게 잘 알려져 있는 '닭과 돼지'와 같은 문제다.

> **문제** 어느 농장에 닭과 돼지가 있다. 닭과 돼지의 머릿수는 모두 80개, 다리의 수는 모두 220개라면 닭과 돼지는 각각 몇 마리씩 있는 것일까?

아마도 대부분의 어른들은 이 문제를 해결하기 위해 중학교때 배운 이원일차방정식을 활용할 것이다. 닭의 수는 x, 돼지의 수는 y로 놓고 아래와 같이 연립방정식을 세운 뒤 답을 구하는 것이 가장 일반적인 방법이다.

$$x + y = 80$$
$$2x + 4y = 220$$

하지만 아직 방정식을 배우지 않은 초등학교 학생들은 이렇게 풀기가 쉽지 않다. 그리고 이와 같은 공식이나 방법을 기계적으로 적용하는 것은 오히려 아이들의 창의성 계발에 도움이 되지 않는다.

같은 문제를 영재원의 초등학교 학생들에게 제시하고 40분 동안 7가지 이상의 방법으로 푼 뒤 방법을 각각 설명하도록 했다. 결과는 놀랍게도 아이들이 모두 20여 가지 이상의 독특한 방법을 제시했다. 물론 이들 중에는 고등학교 수준 이상의 수학 실력을 가지고 있어서 방정식이나 합동식을 사용한 경우도 있었다.

아이들이 찾은 방법 중에 초등학생 수준에서 해결이 가능한 방법 두 가지를 소개하려 한다.

방법 1 닭과 돼지의 머리의 수가 80개, 다리의 수가 220개이므로 모두 10으로 나누면 머리의 수가 8개, 다리의 수가 22개가 된다. 이를 그림으로 그려보면 다음과 같다.

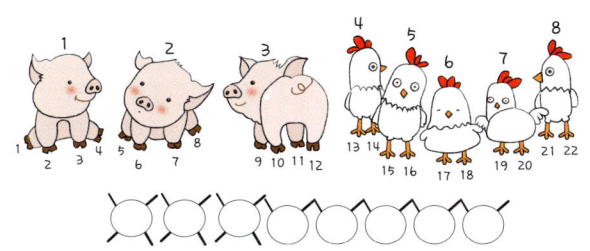

즉, 다리가 4개 달린 것이 돼지로 3마리, 다리가 2개 달린 것이 5마리로 닭이 된다. 그런데 10으로 나누었으니, 거꾸로 다시 10배씩 해주면 닭과 돼지는 각각 30마리와 50마리가 된다.

방법 2 한 사람이 농장에 가서 소리를 크게 질렀더니, 닭과 돼지가 놀라서 닭은 두 발 중 하나를, 돼지는 네 발 중 두 발을 들어 올렸다. 그러면 바닥에 짚고 있는 다리의 수는 반으로 줄었으니 모두 110개가 된다. 그리고 머리의 수는 그대로 80개다. 그런데 다리의 수 110과 머리의 수 80은 30 차이가 난다. 왜 30 차이가 날까? 바로 돼지는 두 발로 서 있기 때문이다. 그러므로 답은 돼지가 30마리, 닭이 50마리이다.

이외에도 이 문제를 해결하는 방법은 다양하다. 모두 닭이나 돼지로 생각하여 푸는 방법, 머리의 수와 다리 수의 비를 생각하여 푸는 방법, 그래프를 그려서 만나는 점의 좌표를 구하는 방법 등 <u>생각에 따라 답을 찾아가는 길은 여러 방향이 될 수 있다. 또한 그 길에서 다양한 도구를 마음껏 활용하는 것이 바로 수학적 아이디어다.</u>

기발하다 싶으면서도 한편으로는 '이런 방법들을 어떻게 일일이 생각해내서 아이에게 가르치지?' 하고는 걱정스러운 마음이 생길 것이다. 하지만 부모의 역할은 동기유발이라는 사실을 잊지 말자. 그저 아이가 흥미를 느낄 수 있도록 "이 문제에서 만약 닭과 돼지의 머리의 수가 70개, 다리의 수가 200개라면 닭과 돼지는 각각 몇 마리가 될까?"와 같이 질문을 조금 바꾸는 방법으로 아이와 함께 생각해보는 시간을 가지면 된다.

길을 찾는 건 아이의 몫이다. 아이가 잘했을 때 칭찬해주고 답변을 못하거나 잘못 생각한 경우는 아이 스스로 다른 방법을 찾을 때까지 기다려주는 것이 아이의 수학적 사고력을 키울 수 있는 가장 좋은 방법이다. 부모의 수학적 아이디어를 아이에게 무조건 주입하는 것은 아이가 '자신의 수학'을 만들 수 있는 기회를 빼앗는 것이나 다름없다. 아이가 조금은 서툴더라도 자신의 수학을 만들어가는 동안 아이의 수학적 사고력은 쑥쑥 자랄 것이다.

슬기로운 아이를 만드는
사고력 수학

눈앞에 닥친 문제를 슬기롭고 유연하게 해결할 수 있는 역량을 갖추는 것이 바로 사고력 수학이 지향하는 길이다. 연산에만 집중한 아이들은 아래와 같은 서술형 문제를 해결하는 데 있어 어려움을 겪는 경우가 많다. 예를 들면, 한 자리 수끼리의 곱셈을 잘하는 아이라도 다음과 같은 문제의 식을 세울 때 틀리는 경우가 자주 있다.

문제 놀이공원에 있는 놀이기구의 개수는 □, 놀이기구에 탈 수 있는 모든 사람의 수는 △이다. 놀이기구는 하나에 4명까지 탈 수 있을 때, □와 △의 관계를 식으로 나타내시오.

위 문제에 대하여 상황에 대한 이해가 부족한 아이들은 □=4×△와 같은 식을 세우기도 한다. 그러나 바른 식은 △=4×□이다. 학년이 올라갈수록 점점 더 복잡해지는 상황을 제시하고 아이들은 문제 자체를 이해하지 못하면서 수학에 대한 어려움을 호소하는 경우가 많다.

문장 속에서 상황을 해석하고 이해한 뒤 식을 만들어보는 사고력이 수학 공부에 있어서도 꼭 필요한 이유다.
수학 문제를 통해 제시된 상황을 이해하고 지금 무엇을 해야 주어진 문제를 해결할 수 있는지 역량을 키워온 아이들은 생활 속에서 수없이 만나는 크고 작은 문제를 해결하는 데 있어서도 다양한 사고를 바탕으로 능력을 발휘할 것이다.

MATH

PART 2

수학적 사고를 이끌어내는
놀이와 교구

MATHEMATICS

1
유아·초등 수학에서 교구의 가치

어린 아이들이 있는 집이라면 간단한 수학 교구들이 한두 개 쯤은 있을 것이다. 수학교육을 위해 일부러 교구를 구비한 부모도 있을 것이고 아이의 장난감으로 블록이나 시계 모형, 숫자카드 등을 사준 부모도 있을 것이다. 유아기에는 모든 장난감이 교구가 될 수 있고, 반대로 아이들의 교육을 위해 개발된 교구가 아이들의 즐거운 장난감이 될 수도 있다.

교구와 장난감의 경계를 굳이 나눌 필요는 없지만 내 아이에게 맞는 적절한 교구를 선택하고 활용하는 것은 무척이나 중요한 문제다. 교구가 학습에 있어 실질적으로 아이들에게 어떻게 활용될 수 있고, 어떤 도움이 되는지 부모들은 정확히 인식할 필요가 있다. 특히 추상적 개념의 수학을 공부하는 데 있어 아이의 발달에 따른 적절한 교구의 활용은 아이의 수학적 사고를 여는 열쇠가 될 수 있다.

예를 들어 '원'의 수학적 의미는 한 점에서 일정한 거리에 있는 점들의 집합이다. 그러나 이러한 원의 수학적 의미를 어린 아이들이 설명을 통해 곧바로 이해하는 것은 쉽지 않다. 이때 아이와 함께 공원이나 운동장에서 막대에 긴 줄을 묶어 부모가 줄을 잡아주고 아이가 빙빙 돌면서 막대로 원을 그리게 하면 놀이 속에서 원의 의미를 쉽게 이해할 수 있다. 이처럼 도구를 이용한 이해와 경험은 아이들의 학습에 매우 효과적이고 교구도 같은 의미로써 매우 중요한 가치를 지닌다.

교구란 무엇인가

교구란 쉽게 말해서 아이들에게 어떤 것을 가르치기 위하여 교육적인 목적으로 사용하는 '손으로 만지거나 조작하는 구체물'을 가리킨다. 교구의 범위는 무척 넓고 다양해서 어느 한 영역으로 한정시킬 수도 없고 규정지을 수도 없다. 가령 과학 영역에서는 각종 실험 도구들이 교구가 될 수 있고, 사회 영역에서는 건물 모형이나 블록, 조형물들이 교구가 될 수 있다. 이렇듯 모든 교과 영역에서 교구를 활용할 수 있고 그 중요성이 점점 강조되고 있는데, 특히 수학은 눈에 보이지 않는 개념을 다루는 가장 추상적인 과목이기 때문에 구체적인 조작 도구를 사용하는 것이 매우 중요하다.

예를 들어, 과학에서는 세포가 어떻게 분열하는지 알아보기 위해 현미경으로 그것을 확대하여 눈으로 직접 볼 수 있다. 하지만 수학에서는 1+1=2라는 아주 초보적인 개념일지라도 눈으로 볼 수 없고, 오직

하나의 단위에 또 하나의 단위를 더하면 2개의 단위가 된다고 머릿속으로 식을 만들고 스스로 생각해내야 한다. 이런 과정을 도와줄 수 있는 것이 바로 교구이고 이것은 수학을 배우는 학생들 입장에서는 물론 수학을 가르치고 설명하는 교사들에게 있어서도 매우 중요하다. <u>우리의 뇌는 눈으로 본 것을 보다 쉽게 기억하도록 설계되어 있기 때문이다. 교육에 있어 시각적인 효과를 활용하는 것이 바로 교구의 역할이다.</u> 어린 아이일수록 교구의 필요성은 더욱 높아지며 단계별로 적절한 교구를 함께 사용할 때 이해와 습득 능력은 더욱 향상된다.

뇌를 자극하고 생각하는 연습을 돕는 도구

앞서 설명했듯이 머릿속에서 이루어지는 수학적인 작용을 직접 일어나도록 할 수 있는 방법은 없다. 따라서 우리가 할 수 있는 간접적인 방법은 아이들이 교구를 가지고 조작하는 과정에서 <u>스스로</u> 머릿속에 수학적인 아이디어를 만들어낼 수 있도록 유도하는 것이다.

어린 아이들은 추상적인 언어나 기호를 사용하여 설명하면 이해하기 어렵고, 그 순간에는 그것을 알아들었을지 몰라도 그것을 조금만 다르게 적용시키면 전혀 알지 못한다. 그것은 단순히 말을 기억한 것이지, 개념을 이해한 것은 아니기 때문이다. 어린 아이들이 처음 수를 세거나 더하기, 빼기와 같은 셈을 할 때 자신의 손가락을 활용하는 것도 교구의 역할을 손가락에 대입한 것에 다르지 않다.

어른들처럼 뇌 안에서 식을 만들고 이것저것 대입할 수 없는 아이들은 생각하는 연습이 필요한데, 그것을 돕는 것이 바로 교구다. <u>생각이 잘 일어날 수 있도록, 떠오르는 다양한 생각들 가운데 적절한 답을 고를 수 있도록 교구를 통해 손과 같은 신체 등을 써가며 뇌의 작용을 촉진하는 것이다.</u>

피아제는 '인지발달이론'에서 인간의 발달 단계를 감각운동기(0~2세), 전조작기(2~6세), 구체적 조작기(7~11세), 형식적 조작기(11세 이후)의 네 단계로 구분했다. 감각운동기에는 감각적 반사운동을 하며 주위에 대해 강한 호기심을 보이고 숨겨진 대상을 찾을 줄 안다. 전조작기에는 사물의 크기, 모양, 색 등과 같은 지각적 특성에 의존하는 직관적 사고를 보인다. 구체적 조작기에는 사물 간의 관계를 관찰하고 사물들을 순서화하는 능력이 생기며 자아중심적 사고에서 벗어나 자신의 관점과 상대방의 관점을 이해하기 시작한다. 형식적 조작기는 논리적인 추론을 하고 자유, 정의, 사랑과 같은 추상적인 개념들을 이해할 수 있게 된다(Piaget, 1929).

피아제의 이론에 따르면 유아·초등 시기는 생물학적으로 전조작기와 구체적 조작기에 해당하고, 수학과 같은 추상적인 원리를 이해하려면 적어도 11세 이후가 되어야 한다. 사람마다 발달의 속도는 조금씩 다를 수 있지만 그 순서는 바뀌지 않는다. 누구나 추상적인 개념을 이해할 수 있을 때까지는 구체적인 조작물을 사용하여 학습해야 하는 이유가 여기에 있다. 실제 피아제 이론은 유아·초등 교육에 있어 가장 기본적인 바탕을 이루고, 대부분의 교육 현장에서도 그의 이론이 적용되고 있다.

피아제 이론에 따라 유치원생이나 초등학생 수준의 아이들의 실제적인 학습 지도 방법에 대해 연구한 카미 역시 아이들이 교구를 사용하고 그것으로 놀이를 하면서 수학을 배우는 것이 매우 중요하다고 주장한다(Kamii, 2004).

손을 활용한 구체적인 조작 도구의 사용은 아이들의 뇌 발달을 촉진하기 때문인데, 그 예로 1950년대 캐나다의 신경외과 의사였던 와일더 펜필드Wilder Penfield가 제시했던 작은 사람이란 뜻의 '호문쿨루스Homunculus'가 있다. 뇌의 위치별로 받아들이는 신체 감각에 대하여 알기 쉽게 나타낸 것으로 그림을 보면 사람의 손 크기가 기형적으로 크게 그려져 있다. 손에는 운동신경 정보와 감각신경 정보를 전달하는 신경세포가 다른 기관에 비해 더 많이 분포되어 있음을 나타낸 것이다. 즉, 손의 활발한 자극과 사용이 뇌의 발달을 촉진해줄 수 있음을 의미한다. 어린

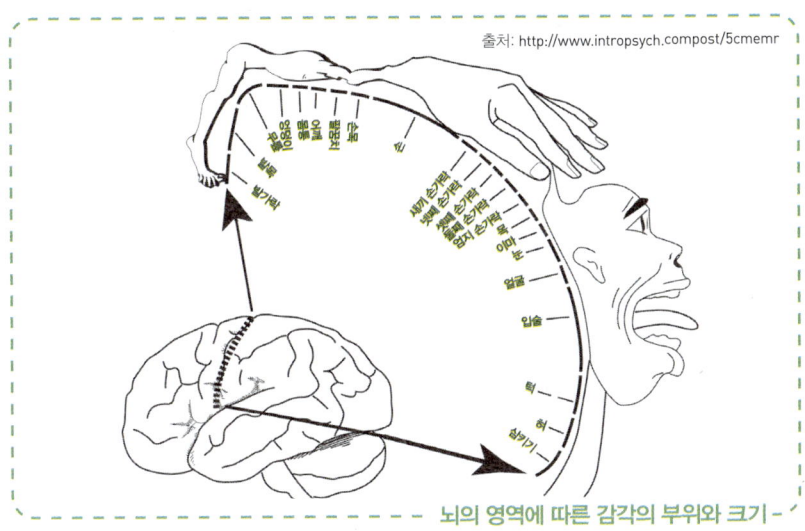

- 뇌의 영역에 따른 감각의 부위와 크기 -

아이들에게 손을 많이 사용하도록 하면 머리가 좋아진다는 말은 이렇듯 과학적으로도 충분한 근거를 가진다.

  아이들이 교구를 가지고 재미있게 만지면서 활동하는 동안 뇌는 더욱 활성화되고 이때 온몸의 감각으로 익힌 기억은 오래 남을 수밖에 없다. 교구 활동은 수학적 이해를 보다 쉽게 돕는 역할을 하는 동시에 뇌의 발달을 촉진시킬 수 있는 일거양득의 방법인 것이다.

2
교실 속의 수학교구들

시대의 변화에 따라 수학교육의 전체적인 방향과 주안점이 달라지면서 수학교과서 역시 이러한 변화를 반영하고 있다. 새롭게 개정되어 2017년도부터 초등학교 1, 2학년에 도입된 수학교과서에서 종이로 만든 일회성 붙임딱지 등이 실제로 만져보면서 활동할 수 있는 교구로 대체된 것도 이러한 흐름을 뒷받침한다.

앞으로는 과학 시간에 실험 도구를 갖추고 수업하듯이, 수학 시간에도 각 학교마다 비치된 수학 교구를 활용하여 수업을 진행하게 될 것이다. 2017년 교육부는 이를 위해 '수학교구표준안'을 만들어 각 학교에 배포했다. 이와 같이 추상적인 수학적 개념을 아이들에게 보다 효율적으로 이해시키기 위해 교구의 활용은 필수적이라는 시각이 교육 전반의 지배적인 흐름이다. 수학에 대한 흥미와 자신감을 가질 수 있도록 핵심 개념과 원리를 중심으로 학습 내용을 재구성한 새 교육개정과 교과서 속의 다양한 교구의 활용에 대해 알아보자.

차세대 수학교육의
흐름과 변화

새 교육과정의 달라진 점을 살펴보면 시대가 요구하는 인재상이 보이고, 교육 방향을 설정하는 데 있어서도 큰 도움이 된다. 학교 선생님들뿐 아니라 학부모들이 이러한 새 교육과정의 흐름과 변화를 인지하고 있는 것은 자녀교육에 있어 무엇보다 중요하다.

　교육부는 창의적 인재가 갖춰야 할 핵심 요소로 창의적 인성, 전문지식, 미래 핵심역량을 꼽았고 단순히 계산을 잘하는 '산수형 인재'가 아닌 다양한 상황에서 인문학적 상상력과 과학기술의 창조력을 발휘하고, 다양한 지식을 융합하여 새로운 가치를 창출할 수 있는 '창의융합형 인재'를 미래가 원하는 인재상으로 설정했다. 교육으로서 길러내는 인재의 최종 목표 또한 같을 수밖에 없기 때문에 이런 큰 방향 아래 새로운 교과서가 만들어지고 교사의 지도 방법이나 학생들의 학습 방법도 달라진다.

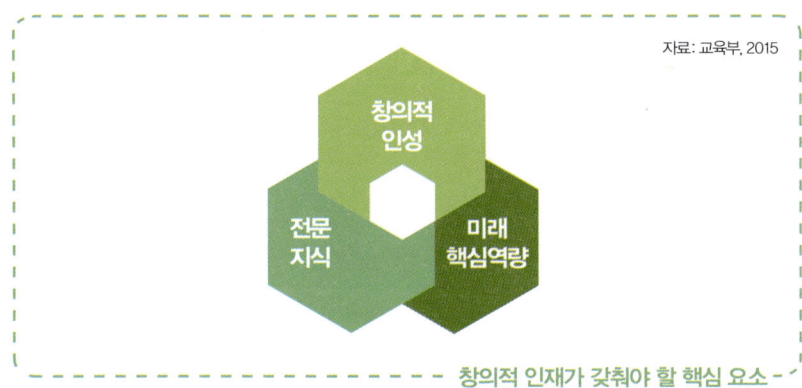

자료: 교육부, 2015

창의적 인재가 갖춰야 할 핵심 요소

인문학적 상상력,
과학기술 창조력을 갖추고
바른 인성을 겸비하여
새로운 지식을 창조하고
다양한 지식을 융합하여
새로운 가치를 창출할 수 있는 사람

➡ 창의융합형 인재

새롭게 바뀐 초등학교 교과서나 교사용지도서에서는 앞서 언급한 수학과의 6가지의 교과 역량(문제해결, 추론, 창의·융합, 의사소통, 정보 처리, 태도 및 실천)을 구현하기 위한 다양한 방법들을 담고 있다.

가령, 1학년 수학교과서에는 추론, 창의·융합, 의사소통 역량을 키우기 위한 아래와 같은 문제가 나온다. 언뜻 보면 수학교과서인지 국어교과서인지 헷갈릴 정도로 수학적 사고력과 더불어 그것을 적절한 언어로 표현하여 전달하는 것까지 수학적 역량에 포함하고 있다.

문제 달라진 곳을 찾아 비교하는 말을 사용하여 말해보세요.

초등학교 2학년 수학교과서의 〈놀이 수학〉 부분에서는 0에서부터 9까지 적힌 10면체 주사위를 굴려서 하는 놀이가 나온다. 두 사람이 짝이 되어 주사위를 굴린 뒤 나온 눈의 수를 빈 칸에 차례로 적으면서 합을 가장 작게 만드는 문제다. 이 문제 역시 수학과 역량 중에서 창의·융합과 의사소통을 주요 역량으로 생각하여 출제한 경우다.

이와 같이 새롭게 바뀐 초등 수학교과서에서는 교과 역량을 충분히 반영하기 위해 다양한 시도들을 하고 있다. 물론 이렇게 제시한 것이 명확히 구분되는 역량이라기보다는 주요 역량으로 보아야 할 것이며, 관점에 따라서는 달리 해석될 수도 있다. 중요한 것은 교과서는 모든 교육의 기본이 되고 중심이 된다는 것이다. 새롭게 바뀐 교과서의 집필 방향과 의도에 맞게 교사들의 수업 방식 및 교육 방법은 변화할 수밖에 없다.

2017년도부터 새롭게 적용되는 초등 수학교과서는 전반적으로 학습량을 줄이고, 꼭 배워야 하는 필수 내용을 선별하여 개념과 원리를 이해시키는 것에 중점을 두고 있다. 또한 어려운 내용은 다음 학년으로 미루는 방향으로 보다 쉽게 학습하도록 하고 있는데 그 주요 변화 내용을 요약하면 다음과 같다.

수와 연산	자연수의 혼합 계산 이동	3~4학년군 ➡ 5~6학년군
	분수와 소수의 혼합 계산 삭제	5~6학년군
도형	쌓기나무 활동에서 물체의 위치와 방향 추가	1~2학년군
	도형의 이름 짓기를 교수, 학습 방법 및 유의 사항으로 진술	1~1학년군, 3~4학년군
측정	원기둥의 겉넓이와 부피 삭제	5~6학년군
	수의 범위와 어림하기 이동	3~4학년군 ➡ 5~6학년군
	넓이 단위(a,ha) 삭제 및 무게 단위(t) 이동	5~6학년군 ➡ 3~4학년군
규칙성	정비례와 반비례의 이동	5~6학년군 ➡ 중학교
	규칙과 대응의 이동	3~4학년 ➡ 5~6학년군
자료와 가능성	영역 명을 '자료와 가능성'으로 변경	초등학교
	자료와 수집, 분류, 정리, 해석 활동 강조	모든 학년
	실생활과의 연계를 강화한 가능성의 경험 강조	5~6학년군

개정 수학과 교육과정의 주요 변화 내용

수업에서 교구의 활용은 선택이 아닌 필수

어린이집이나 유치원에서는 이미 교구를 활용한 수업을 진행하고 있지만 학교에서의 교구 활용은 예산 등 현실적인 문제로 아직 넘어야 할 산이 높다. 그러나 교구의 중요성이 높아지면서 초등학교뿐만 아니라 중고등학교로 교구의 활용 범위는 점차 확대될 예정이다. 초등학교 수학과 교사용지도서에서 새로 바뀐 수학교과서의 특징을 설명한 부분만 살펴보더라도 '수학 교구의 활용 기회 확대'를 명시하고 있다.

초등학교 1학년 수학교과서에서 연결큐브(서로 맞추어 연결할 수 있는 플라스틱 교구)를 사용하여 '24'를 10개씩 묶음 2개와 낱개 4개로 표현하여 직관적으로 알 수 있도록 한 것도 교구 활용의 한 예가 될 수 있다. 아이들은 연결큐브를 손으로 직접 끼우면서 수의 의미와 표현 방법에 대하여 더 많이 생각할 수 있는 기회를 가지게 될 것이다.

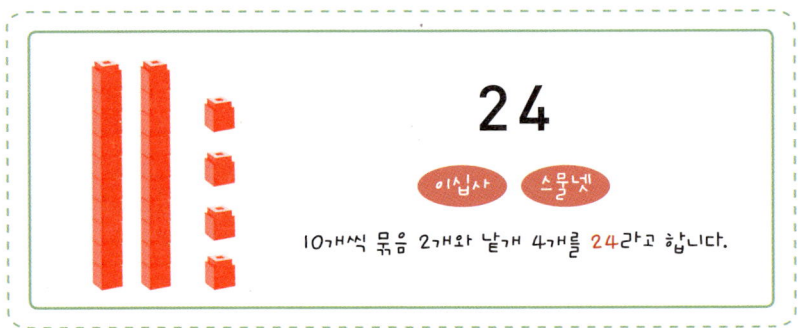

초등학교 1학년 수학과 교사용지도서에 나오는 퀴즈네어 막대도 마찬가지다. 퀴즈네어 막대는 벨기에의 초등학교 교사 조지 퀴즈네어 Georges Cusenaire와 영국의 수학교육자인 칼렙 가테그노 Caleb Gattegno가 공동으로 창안한 수학 교구로 1cm에서 10cm까지 길이와 색깔이 각기 다른 직육면체 모양의 막대 10개로 구성되어 있다. 수학교육의 거의 모든 영역에서 활용이 가능하지만 특히 각 막대의 길이에 따라 수를 대응시키면서 수 사이의 관계를 지도하는 데 효과적이다.

-수의 관계를 길이와 색으로 나타낸 퀴즈네어 막대-

 활용 방법은 한 아이가 먼저 "4"라고 외치고 보라색 막대를 짚어 책상에 놓는다. 그러면 다른 학생이 연두색 막대를 짚어 그 옆에 놓고 "4보다 1 작은 수는 3이야"라고 말한다. 다른 아이가 노란색 막대를 짚어 보라색 막대 옆에 놓고 "4보다 1 큰 수는 5야"라고 말할 수도 있다. 이러한 과정 속에서 아이들은 수의 대소 관계를 자연스럽게 이해하게 되고, 의사소통 및 문제해결 등의 역량을 기를 수 있다.

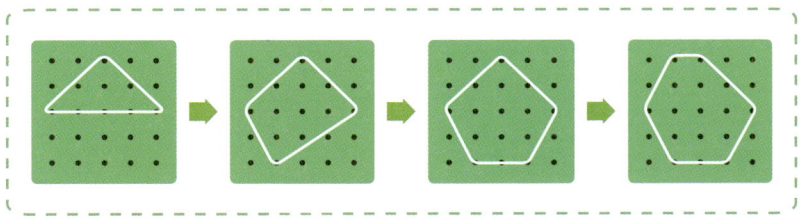

 또 다른 예로 도형의 개념을 지도하는 데 많이 쓰이는 도형판이 있다. 초등학교 2학년 교사용지도서에 나오는 것으로 고리가 있는 판에 고무줄을 걸어 아이들 스스로 여러 모양의 도형들을 만들어보면서 도형의 각 성질에 대해 생각할 수 있다.

이렇듯 지금과는 다른 미래를 살아갈 아이들에게 적합한 수학교육을 위해 앞으로의 수학교과서는 교구의 활용에 있어 보다 구체적인 방법을 제시하고 다양한 역량 키우기에 힘쓰는 방향으로 개발될 것이다. 교육부가 제시하고 있는 새 교과서 개발 및 학교 현장에서의 적용 시기는 다음과 같다.

학교급	학년도 학년(군)	2015	2016	2017	2018	2019	2020
초등학교	1~2	개발	개발	적용			
	3~4	개발	개발	개발	적용		
	5~6		개발	개발	개발	적용	
중고등학교	1	개발	개발	개발	적용		
	2		개발	개발	개발	적용	
	3			개발	개발	개발	적용

새 교과서 개발 및 학교 현장에서의 적용 시기

새 교과서에 따른
평가의 흐름과 방향

교육과정과 교과서가 새롭게 바뀌므로 당연히 학교에서 학생들에 대한 교사들의 평가 방법 또한 바뀌게 된다. 수학의 개념 및 기능에 대해 학습한 결과를 중심으로 평가하기 보다는 학습하는 과정을 돕는 평가와 학습하는 자체 평가로서의 수학 교과의 6가지 역량 차이에 초점이 맞춰지게 될 것이다.

단순히 학생의 인지적 측면만을 보지 않고, 학습과 더불어 전인적인 성장을 돕는 방향으로 수업 방법을 개선해나가는 것에도 중점을 두게 된다. 또한 지필 평가 위주보다는 공부하는 학생의 수준에 맞추어 학생의 수행과정과 산출물을 보고 평가하는 수행형 평가, 비교적 장기간 동안 학생이 진행한 프로젝트나 포트폴리오에 대한 평가, 수업 중 학생들의 수업 참여 등을 보는 관찰 평가, 면담을 통해 학생의 수학적 사고를 알아보는 면담 평가 등 수학 학습의 과정을 살펴보는 다양한 평가 방법이 도입될 것이다. 더 나아가 교구 및 공학 도구를 활용한 평가 등도 앞으로 시도될 예정이다(고상숙 외, 2015).

교사들이 참고하는 새 교사용지도서 '탐구수학' 부분의 평가 기준을 살펴보면 이전과는 다르게 학생을 관찰하면서 교과 역량 평가를 표시하도록 되어 있음을 알 수 있다.

평가 목표	■ 다른 사람을 배려하고 존중하며 협동하면서 여러 가지 모양을 이용한 마을을 만들 수 있다.				
평가 방법	■ 관찰 평가				
평가 내용		교과 역량	상	중	하
1. 여러가지 모양을 이용하여 마을을 만들 수 있는가?		창의융합			
2. 다른 사람을 배려하고 존중하여 협동하면서 마을 만들기 활동을 하는가?		태도 및 실천			

새 교사용지도서에서 제시하고 있는 평가 기준의 예

쌓기나무 교구로
생각 쌓기

쌓기나무는 아이들에게 있어 가장 친숙한 교구 가운데 하나다. 초등학교 2학년 수학교과서에서는 쌓기나무 5개를 사용하여 서로 다른 집 모양 3가지를 만들도록 하고 있다. 이런 쌓기나무 활동은 어렵지 않기 때문에 아이들의 수준과 상관없이 쌓기나무 개수를 늘려가면서 자유롭게 원하는 모양을 만들게 하면 된다. 그런 다음 쉬운 문제부터 점점 어려운 문제를 질문 형식으로 제시하여 아이가 다양한 쌓기 활동 속에서 스스로 생각하며 질문에 대한 답을 찾도록 한다.

1) 3개의 쌓기나무로 서로 다른 집 모양 2개를 만들어보자.

2) 4개의 쌓기나무로 서로 다른 집 모양 3개를 만들어보자.

예시

3) 5개의 쌓기나무로 서로 다른 집 모양 5개를 만들어보자.

예시

쌓기나무 2개로 서로 다르게 만들 수 있는 집 모양의 가짓수는 1가지, 3개로는 2가지, 4개로는 8가지, 5개로는 쌓기나무가 바닥에 닿지 않고 이어지는 2가지 경우의 수를 포함하여 29가지다. 영재 수준의 아이들에게는 5개의 쌓기나무로 서로 다르게 만들 수 있는 집 모양의 모든 개수를 생각해보게 할 수도 있을 것이다.

PART 2 _ 수학적 사고를 이끌어내는 놀이와 교구

3

개념과 원리, 두 마리 토끼를 잡다

수학교육에 있어 개념과 원리를 파악하도록 하는 것이 무엇보다 중요하다는 것에는 이견이 없다. 하지만 정작 그것을 어떻게 가르쳐야 하는지 물었을 때 가장 난감한 것이 개념과 원리다. 주입식으로 머릿속에 넣은 개념은 문제해결에 있어 아무런 도움이 되지 않는다. <u>개념은 외우는 것이 아니라 이해하는 것이고, 원리는 풀이하는 과정에서 스스로 깨우치는 것이다.</u>

  수학의 추상적인 특성을 대변하듯 눈에 보이지 않는 개념과 원리는 명확하게 짚고 넘어가고 싶지만 손에 잡힐 듯 잡히지 않는 경우가 많다. 어린 아이일수록 교과서에 서술된 문장과 설명만으로 개념과 원리를 이해하는 것은 쉽지 않다. 이럴 때 교구를 활용하면 매우 유용한데, 교구를 손으로 만지고 눈으로 그 과정을 익히면 개념과 원리가 자연스레 습득되고 우리 몸에 하나의 체화된 기억으로 오랫동안 남게 된다.

공식이 아닌 원리에서 시작하는
사고력 수학

수학의 기초를 배우는 초등학교 저학년 때는 '왜 그렇게 될까'에 대한 원리적인 이해 없이도 공식을 적용하여 덧셈, 뺄셈, 곱셈, 나눗셈의 사칙연산을 문제없이 할 수 있다. 그러나 원리적인 이해 없이 공부하다가 학년이 올라가면서 공부해야 할 분량이 늘어나면 더 이상 감당할 수 없는 순간이 오게 된다. 보통은 초등학교 4학년 때부터 공부해야 할 내용들이 급격히 늘어나고, 이때 많은 아이들이 수학 공부를 계속 하는 데 어려움을 느끼는 경우가 많다.

조금 어렵게 느낄지도 모르지만 '진법'이라는 수학적 개념을 예로 들어 보자. 진법은 '묶음의 단위'를 몇으로 하느냐를 알면 원리적으로 쉽게 이해할 수 있다. 즉, 우리가 일반적으로 많이 사용하는 십진법은 10개씩 묶는 원리를 기반으로 하는 기수법으로 일, 십, 백, 천, 만…과 같이 10개씩의 묶음으로 단위가 달라진다.

$$23_{(5)} \longleftrightarrow 2 \times 5^1 + 3 \times 5^0 = 10 + 3 = 13 \longleftrightarrow 111_{(3)}$$

[오진수]　　　　　[십진수]　　　　　[삼진수]

오진수인 $23_{(5)}$을 3진수로 바꾸는 문제를 해결할 때, 대부분의 아이들은 일단 $23_{(5)}$을 십진수로 고칠 것이다. 즉, $2 \times 5^1 + 3 \times 5^0 = 10 + 3 =$

13이 된다. 그리고 13을 3으로 나누면서 나머지를 오른쪽에 쓰고, 그림의 화살표 방향대로 거꾸로 따라올라가 3진수 $111_{(3)}$을 구하게 된다.

그런데 간단한 교구인 십진블록(수 모형)을 사용하여 원리적으로 생각하면서 3진수로 쉽게 바꾸는 방법이 있다. 즉, $23_{(5)}$은 5개로 된 막대 모형 ▮ 2개, 낱개 모형 ▪ 3개로 생각할 수 있다. 이를 3진수로 바꾼다는 것은 3개씩의 묶음으로 묶는 것을 의미한다. 3개씩 묶으면 3개로 된 막대 모형 ▮ 4개와 낱개 모형 ▪ 1개가 된다. 그리고 다시 막대 4개는 막대 3개를 묶어서 판 모형 ▦ 1개와 막대 모형 ▮ 1개, 낱개 모형 ▪ 1개가 된다. 그림으로 표현하면 다음과 같이 나타낼 수 있다.

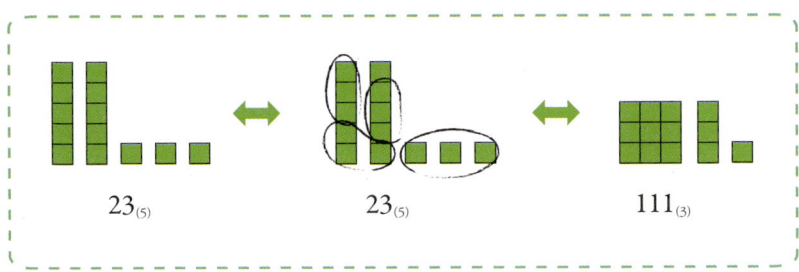

진법이라는 것은 결국 '묶는 단위의 개수를 어떻게 하느냐'의 문제임을 이해하는 것이 중요하다. 머릿속으로 공식을 대입하거나 추상적인 그림을 그리는 것보다 교구를 사용하여 묶음의 수를 달리하며 진법을 이해하면, 그 원리를 손과 눈으로도 익혀 좀 더 명확한 개념으로 인식하게 되고 문제를 변형하더라도 원리를 응용하여 해결해낼 수 있다. 수학에서 원리를 이해하는 것이 중요한 이유도 바로 여기에 있다.

균형대로 익히는
곱셈과 약수의 개념

브루너와 케니(Bruner&Kenny, 1965)는 8살 정도의 아이들에게 교구를 통해 추상적인 개념인 약수를 가르칠 수 있음을 증명했다. 먼저 아이들에게 그림과 같은 균형대를 주고, 여러 가지 추를 사용하여 양쪽의 균형을 이루게 하면서 추의 무게와 균형의 관계를 이해시켰다.

그 후 아이들에게 무게 18을 만들 수 있는 법에 대해 생각해보게끔 했다. 아이들은 2의 위치에 9개의 추를 달거나 9의 위치에 2개의 추를 달아서 양쪽의 균형을 맞추었다. 6의 위치에 3개의 추를 달거나 3의 위치에 6개의 추를 달아 균형을 맞추기도 했다.

이것은 중학교에 가서 배우게 될 18의 약수 개념과 상통한다. 아이들은 서로 곱해서 18이 되는 수를 찾고, 그 원리를 이해할 수 있게 된 것이다. 이와 같이 균형대는 구체적 조작 도구로 곱셈은 물론 약수를 이해하는 데 좋은 교구가 될 수 있다.

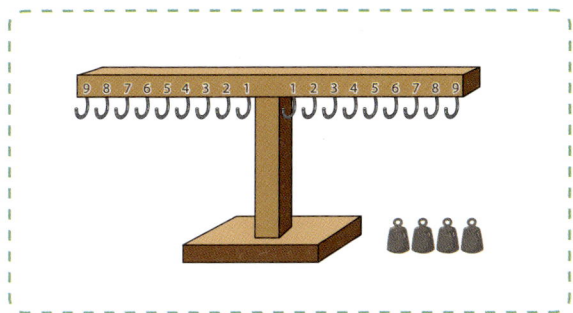

교구와 연계하는 순간
개념이 보인다

앞서 수학은 추상적인 사고를 대상으로 하기 때문에 아이들이 수학을 학습할 때 머릿속에 어떤 생각을 그리고 있는지 직접적으로 알 수 있는 방법은 없다고 했다. 초등학교 수학교과서에서도 다양한 수학적 아이디어를 제시할 때, 아이들이 쉽게 이해할 수 있는 구체적인 활동에서부터 시작하여 점차 추상적인 수학적 아이디어로 나아갈 수 있도록 하고 있다.

이런 생각을 이론으로 제시한 사람은 하버드대 교수 출신 제롬 브루너Jerome Bruner다. 브루너는 아이들에게 추상적인 개념을 지도할 때는 아이들의 인지 발달에 적절한 표현 수단을 사용해야 한다는 EIS Enactive-Iconic-Symbolic 이론을 주장했다. 즉, 일반적으로 활동적인 표현에서 시작하여 반구체적인 표현으로 그 다음 추상적인 표현의 순서로 제시하는 것이 효과적이라는 것이다.

예를 들면, 초등학교 1학년에서는 수를 이해하고 익히는 과정에서 다음의 그림과 같이 눈으로 보고 만져볼 수 있는 장난감 비행기를 제

− 초등학교 1학년 수학교과서에서 제시하고 있는 표현의 순서 −

시한 뒤 검은 세 개의 점 형태로 제시하고, 마지막으로 기호 형식인 숫자 '3'을 제시한다. 물론 브루너의 주장에 보다 적합하려면 좀 더 활동적인 상황으로부터 시작하는 것이 적절할 것이다.

이처럼 수학은 가능한 공부하는 아이들에게 친숙한 장면이나 소재로부터 시작해야 한다. <u>아이들이 생활 속에서 잘 알고 있거나 사용에 익숙한 물건, 다양한 신체 활동 등에 수학적인 내용을 자연스럽게 결합시키려는 노력이 필요하다.</u> 특히 어린 아이들에게는 자연스럽게 놀이의 상황에서 구체적인 조작물이나 교구를 사용하여 직접 만져보고 수를 세어보는 초보적인 활동을 하게 하는 것이 좋다. 서로 끼울 수 있는 블록 형태의 연결큐브는 좋은 예가 될 수 있다. 아이들이 자주 사용하고 접하는 모든 도구가 이후 수학을 배우는 데 있어 좋은 소재와 매개가 될 수 있음을 기억해야 한다.

- 연결 큐브 -

블록으로 이해하는
이차함수

브루너와 케니(Bruner&Kenny, 1965)는 어린 아이들에게 블록을 이용하여 이차함수를 가르치고자 했다. 그들은 아이들에게 왼쪽 그림과 같은 모양의 블록들을 사용하여 x^2 크기보다 더 큰 정사각형을 만들어볼 것을 주문했다. 아이들은 여러 조직 활동을 통해 오른쪽 그림과 같은 정사각형 모양을 만들어냈다. 이런 경험은 이후 그들이 배우게 될 이차함수의 개념과 밀접하게 연계되어 있었다.

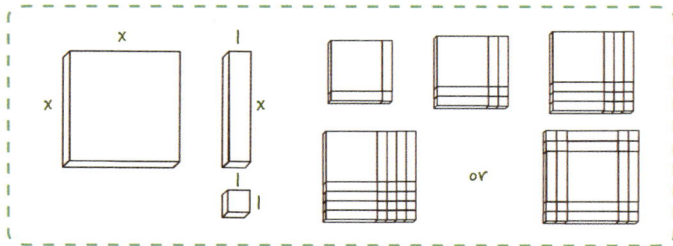

이때 가장 작은 정사각형은 이차함수 $(x+1)(x+1)=(x+1)^2=x^2+2x+1$을 나타내는 블록의 모양이 된다. 다시 말하면 한 변이 길이가 $(x+1)$인 정사각형의 넓이는 정사각형 판(x^2)이 1개, 긴 막대(x) 2개, 낱개 블록 1개로 덮을 수 있는 넓이와 같음을 알 수 있다.

재미있게 가지고 놀던 다양한 모양의 블록들이 그 활용에 따라 나중에는 보다 수준 높은 수학과 연계될 수도 있는 것이다.

수학의 원리,
교구로 쉽게 깨치기

어른의 시각에서는 그리 어렵지 않다고 생각되는 부분에서 아이들이 반복적인 실수를 하거나 어려워하는 이유는 그 부분의 수학적 원리를 제대로 이해하지 못했기 때문이다. 초등학교 수학의 나눗셈에서 아이들이 자주하는 실수를 예로 살펴보자.

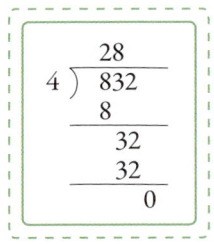

이와 같은 오류는 나눗셈에서 자릿값의 개념을 정확히 이해하지 못한 데서 비롯된 것이다. 이런 오류를 바로 잡는 방법은 여러 가지가 있지만 가장 쉽게 할 수 있는 방법으로 나눗셈을 하기 전에 어림을 해보는 방법이다.

아이에게 832를 어림하여 800으로 생각하도록 한 뒤 "800 안에 4가 몇 번 들어갈까?" 하고 물어보면 아이는 보다 쉽게 200이라는 답을 구할 것이다. 따라서 800보다 큰 수인 832 안에는 4가 200보다 더 많이 들어가게 된다는 것을 알게 되고 앞서 자신이 했던 실수를 자연스럽게 깨닫게 된다. 즉 800 안에는 4가 200번, 그리고 32 안에는 4가 8번 들어가므로 832 안에는 4가 200+8=208(번) 들어가는 것을 알 수 있을 것이다.

또 다른 방법은 자릿값을 보다 명확히 구분하여 아이가 이해할 수 있도록 그림과 같이 자릿값에 줄을 긋거나 선이 표시되어 있는 모눈종이를 활용하는 것이다.

```
        2 | 0 | 8
4 )     8 | 3 | 2
        8 |   |
        ─────────
          | 3 | 2
          | 3 | 2
        ─────────
          |   | 0
```

마지막으로 가장 좋은 방법은 교구를 활용하여 나눗셈을 원리적으로 이해하는 것이다. 초등학교 저학년에서는 10개 묶음의 단위로 새로운 단위가 만들어지는 십진기수법을 이해시키기 위해 수업 시간에 십진블록(수 모형)을 활용한다. 이 교구는 나눗셈을 이해하는 데도 유용한데 아이들에게 미리 나눗셈이라는 말을 하지 말고 놀이 형태로 십진블록 832개(판블록 8개, 막대블록 3개, 단위블록 2개)를 똑같이 네 군데에 놓아보게 한다.

아이들은 여러 번의 시행착오를 거치면서 십진블록을 똑같이 네 그룹으로 나눌 것이다. 이때 아마도 100을 나타내는 판블록을 먼저 네 군데에 나누어놓고, 10을 나타내는 막대블록 3개는 네 군데로 나눌 수 없어 단위블록인 낱개로 교환한 뒤 이미 가지고 있던 낱개 2개와 합쳐 네 군데로 나눌 것이다. 이것이 곧 나눗셈을 하는 원리가 되는 것이다.

차후에 아이들로 하여금 이러한 교구의 조작과정을 종이에 적어가면서 나눗셈을 하는 알고리즘과 연계하여 생각해보게 함으로써 나눗셈의 원리를 보다 쉽게 이해하도록 할 수 있다.

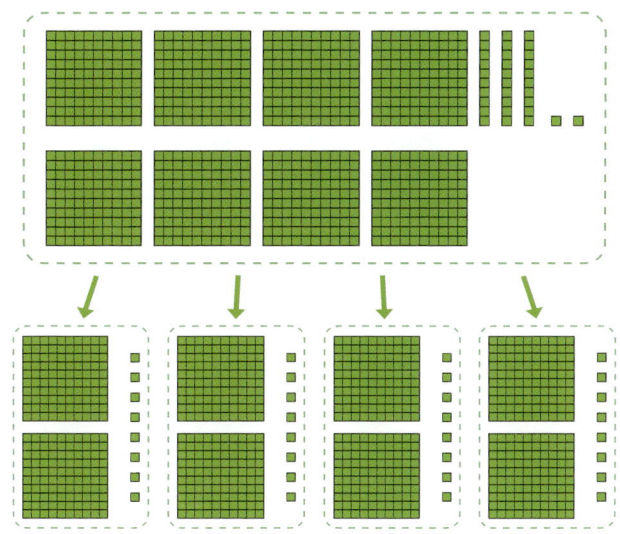

십진블록은 초등학교 2학년에서 배우는 자연수의 덧셈과 뺄셈에서 받아올림을 하거나 받아내림을 해야 하는 경우, 아이들이 자릿값의 원리를 보다 명확하게 이해하는 데도 도움을 줄 수 있다.

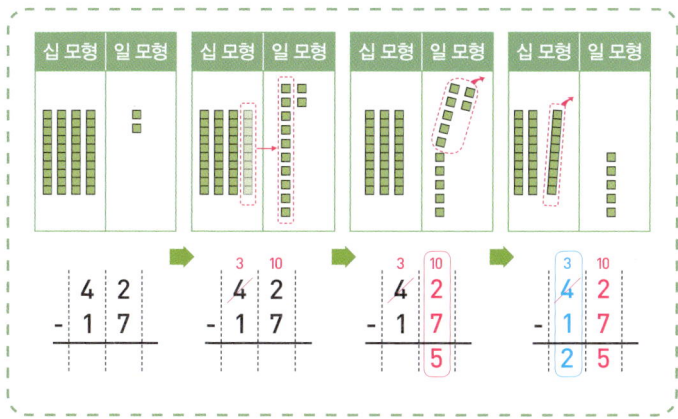

대부분의 받아올림이 있는 덧셈이나 받아내림이 있는 뺄셈의 경우, 원래의 숫자 위에 작게 각각 1이나 10을 써서 계산하는데 이를 정확히 이해하지 못하는 아이들이 많다. 그림의 뺄셈에서 4를 지우고 3으로 만든 후 일의 자리의 수 2 위에 10을 쓴 것은, 십의 자리 막대블록 한 개를 단위블록인 낱개 10개로 만든 후, 일의 자리에 내려보내 줌을 의미한다. 이와 같이 십진블록을 활용하여 여러 번 덧셈과 뺄셈을 하다 보면 자릿값의 의미를 보다 정확하게 이해할 수 있다.

십진블록으로 이해하는
곱셈의 원리

십진블록은 수학교육에 있어 아주 중요한 교구 중 하나이다. 이는 주로 십진법 체계의 이해를 돕기 위해 활용되지만 자연수의 사칙연산의 원리를 쉽게 이해할 수 있게 해준다.

예를 들어, 다음과 같은 곱셈을 생각해볼 수 있다. 26 × 13의 경우 그림과 같이 십진블록을 직사각형 모양으로 놓았을 때, 곱하는 두 수는 직사각형 모양의 각 변의 길이가 되고 곱은 이 직사각형의 넓이가 됨을 알 수 있다. 아이들에게 십진블록을 활용하여 여러 가지 모양의 직사각형 모양을 만들어가면서 곱을 원리적으로 생각해보게 하자.

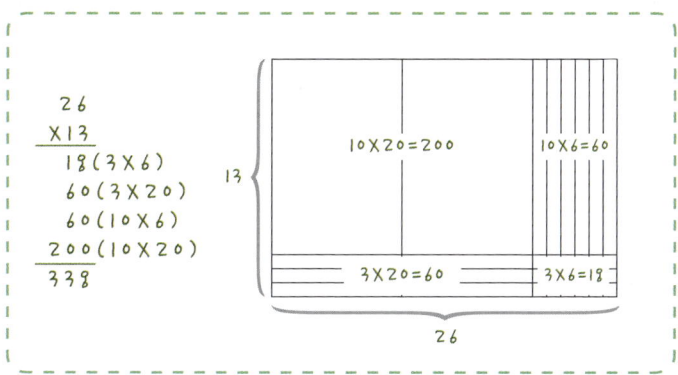

오류를 바로잡아주는
기특한 교구

초등학교 2학년 때 배우는 곱셈구구에서 6×6은 36이라는 것까지 잘 외운 아이가 6×7이 얼마인지 갑자기 잘 생각이 나지 않거나 헷갈릴 수 있다. 보통 곱셈구구에 대한 이해 없이 암기만 했을 경우다. 그런데 6×7은 6×6에 6이 한 번 더 더해진 것이라는 것을 이해하게 되면, 6×6=36이고 36(6×6)+6=42이가 됨을 알 수 있다.

아이들이 원리를 이해하지 않고 외우기만 하거나 같은 오류를 반복적으로 일으키는 경우 이를 바로잡는 데 교구가 도움이 될 수 있다. 곱셈구구의 이해가 부족한 아이들의 경우 '산가지'를 활용하면 좋다.

− 곱셈구구 이해에 활용이 가능한 산가지 −

부모는 아이와 함께 산가지를 6개씩 묶은 후, 한 묶음씩 세어보게 하면서 6단의 곱셈구구는 6을 반복적으로 더해가는 것임을 이해시키면 된다. 또 다른 예로 앞서 소개했던 퀴즈네어 막대를 활용하여 아이들 스스로 오류를 알아차리고 실수를 교정해나가도록 할 수 있다. 퀴즈네어 막대를 활용하여 분수의 덧셈 과정에서의 오류를 교정할 수 있는 예를 들면 다음과 같다.

$\frac{1}{3}+\frac{1}{4}=\frac{1+1}{3+4}=\frac{2}{7}$ 와 같이 분모는 분모끼리 분자는 분자끼리 더하면 된다고 생각하는 아이에게 아래 그림과 같이 퀴즈네어 막대를 나란히 놓아보게 한 뒤 크기가 같은 동분모 분수를 생각해보게 한다.

주황(10)				빨강(2)
연두(3)	연두	연두	연두	
보라(4)		보라		보라
흰(1)	흰	흰	흰	흰	흰	흰	흰	흰	흰

즉, 연두색 막대는 가로 길이의 $\frac{1}{4}$이라고 할 수 있고, 이는 달리 말하면 $\frac{3}{12}$이라고도 생각할 수 있다. 또 보라색 막대는 가로 길이의 $\frac{1}{3}$이라고 할 수 있고, 달리 말하면 $\frac{4}{12}$라고 생각할 수도 있다. 따라서 퀴즈네어 막대로 생각해보면 $\frac{1}{3}+\frac{1}{4}$은 $\frac{4}{12}+\frac{3}{12}$로 생각할 수 있고, 결국 합은 $\frac{7}{12}$이 됨을 알 수 있다. 즉, 공통분모를 구하기 위해서는 가장 기본이 되는 흰색 막대를 기준으로 생각하면 되는데, 보라색 막대 1개(흰색 막대 4개) + 연두색 막대 1개(흰색 막대 3개) = 흰색 막대 7개로 $\frac{1}{3}+\frac{1}{4}=\frac{4}{12}+\frac{3}{12}=\frac{7}{12}$이라는 것을 알 수 있다.

자신이 직접 교구를 손으로 만지면서 원리를 이해한 아이는 보다 정확하게 개념을 인식하고 같은 실수를 반복하지 않게 된다. 특성에 따라 교구를 잘 활용하고 부모와 교사가 어떻게 지도하느냐에 따라 아이 스스로 자신의 수학적 오류를 교정하고 보완해나갈 수 있다.

4

놀면서 배우고 배우면서 즐겁다

노는 것은 누구에게나 즐거운 일이다. 유치원에 다닐 때는 그 안에서 배우는 것들을 공부로 생각하기 보다는 놀이의 한 방법으로 여겼기 때문에 자연스럽게 즐기면서 배우는 게 가능했다. 그런데 초등학교에 입학하고 나서는 수업 시간은 노는 시간이 아닌 앉아서 공부하는 시간이라는 개념이 보다 명확해지면서 공부를 싫어하거나 힘들어하는 아이들이 생겨난다.

학교는 보다 성숙한 단체생활을 익혀나가고 스스로 공부하는 법을 배워가는 단계이므로 유치원처럼 모든 공부를 놀이처럼 할 수는 없다. 하지만 가정에서는 충분히 함께 놀면서 아이의 학습을 도와주는 것이 가능하고 이것은 부모가 해줄 수 있는 최고의 교육이 될 수 있다.

실제로 몇 년 전 '상상력 천국'이라는 별명이 붙을 정도로 창의성을 강조하는 MIT미디어랩의 조이 이토$^{Joi\ Ito}$ 회장이 우리나라 IT컨퍼런스에 참여했을 때 이런 말을 했다.

"우리 연구소에서는 모든 직원이 연구나 공부를 할 때도 마치 유치원생들이 즐겁게 놀이하듯 배우고 있다."

놀이하듯 학습하는 과정에서 자유로운 상상력과 자연스런 융합이 일어나게 되고, 이러한 분위기 속에서 미래 사회가 요구하는 융통성 있는 인재가 발굴된다는 것이다.

누구나 놀이처럼 즐기면서 공부하는 것은 좋은 아이디어라고 생각할 테지만 수학과 놀이를 어떻게 접목시킬 것인가는 또 다른 어려운 문제다. 우리 주변을 둘러보면 평소 아무 생각 없이 즐기던 놀이도 그 안에 수학적 의미가 담겨 있는 경우가 많다. 아이와 함께 놀이를 즐길 때 이러한 사실을 인식한다면 조금은 어렵게 느껴지던 수학이 친근하게, 너무 익숙하고 단순해 보이던 놀이가 새롭게 다가올 것이다.

수많은 놀이에 숨어 있는 수학적 원리

바둑돌 놀이 : 가르기와 모으기

바둑돌은 어린 아이들이 수학의 기초를 익히는 데 매우 유용하다. 아주 간단한 예로, 두 사람이 짝이 되어 마주 보고 앉는다. 서로 번갈아 가면서 바둑돌 10개를 양손으로 흔들다가 손 안에서 적당히 나눈 뒤 한 손은 주먹을 쥐고 다른 한 손은 손바닥을 펴서 몇 개인지 상대방에게 보여준다. 그럼 상대방은 남은 바둑돌을 보고 주먹 안에 있는 바둑돌의 수를 유추하여 알아맞히는 것이다.

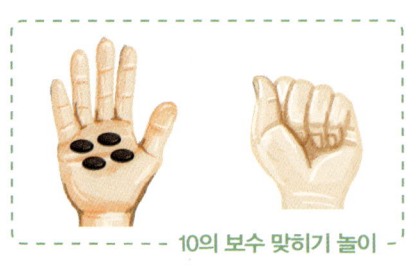
- 10의 보수 맞히기 놀이 -

　부모와 아이가 짝을 이뤄서 할 수도 있고, 바둑돌 대신 작은 돌멩이나 구슬 같은 것으로도 할 수 있다. 이 놀이는 10의 보수를 알아맞히는 놀이로, 10의 보수를 빠르게 말할 수 있는 것은 수학 능력에 있어 매우 의미 있는 과정이다. 우리가 생활 속에서 사용하고 있는 십진기수법이 10단위를 기본으로 하기 때문이다. 그리고 이후 뺄셈에서 받아내림을 할 때 10의 보수를 알고 있어야 빠르고 정확하게 계산할 수 있다. 보통 뺄셈에서 일의 자리끼리 뺄 수 없는 경우 십의 자리에서 받아내림 하여 뺄셈을 하는데 이것은 연필로 종이에 쓰면서 하는 방법이다.

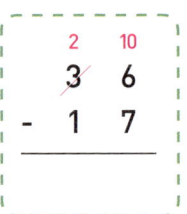

　그런데 10의 보수를 활용하면 종이와 연필을 사용하지 않고도 뺄셈을 할 수 있다. 즉, 17이 20이 되기 위해서는 3이 더 필요하니 36에도 3을 더하면 39가 되고, 17에 3을 더하면 20이 된다. 따라서 '36-17'은 '39-20'과 19라는 같은 답을 가지고 있음 알 수 있다. 이와 같이 10의 보수를 아는 것은 셈을 하는 데 기초가 되고 빠른 계산에 있어 매우 효과적이다.

> **시소놀이**
> **: 무게와 균형**

시소는 놀이터에서 흔히 볼 수 있는 놀이기구이다. 아이들은 시소를 탈 때 자리 위치에 따라 시소의 기울기가 어떻게 변하는지 경험을 통해 자연스럽게 알게 된다. 이런 시소 놀이의 경험은 중학교 때 배우는 지렛대 원리의 기초가 된다.

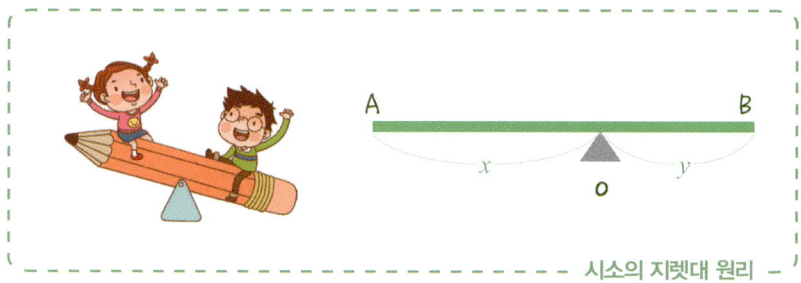

― 시소의 지렛대 원리 ―

놀이터에서 시소를 탈 때 앞뒤로 이동하면서 균형을 잡다 보면 무게와 받침점에서의 거리 관계를 깨닫게 되고 그 기억은 체화되어 남는다. 위 그림에서 받침점을 O, 지레의 양 끝에 두 물체의 무게를 각각 A, B라 하자. 그리고 받침점 O에서 양 끝점까지의 거리를 각각 x, y라고 하면, 다음 등식이 성립하는데 이것이 바로 지렛대의 원리다.

$$Ax = By$$

쉽게 말하면, 한쪽 물체의 무게와 받침점까지의 거리를 곱한 것이 반대쪽 물체의 무게와 받침점까지의 거리를 곱한 것과 같으면 시소는 균형을 이루게 되는 것이다. 그래서 실제로 어른과 아이가 시소에서 균형을 이루려면 몸무게가 아이보다 많이 나가는 어른은 받침점에 최

대한 가까이, 몸무게가 어른보다 가벼운 아이는 받침점으로부터 최대한 멀리 앉아야 한다.

시소 놀이는 지렛대의 원리를 이해하는 데 도움이 될 뿐만 아니라 고등학교에서 배우는 삼각형의 '무게 중심' 원리를 이해하는 기초가 되기도 한다. 물론 시소를 타면서 아이에게 지렛대의 원리를 설명할 필요는 없다. 엄마와 시소를 타고 싶어 하는 아이에게 "둘이 균형을 맞추려면 어떻게 해야 할까?" 하고 놀이식으로 접근하거나 자리를 옮겨가면서 시소 기울기에 대해 가볍게 얘기해보는 것이 좋다. 굳이 원리를 설명하지 않아도 나중에 학교 공부에서 자신의 놀이 기억을 떠올려 보는 것만으로도 큰 도움이 된다.

시소뿐만 아니라 아이들이 놀이터에서 재미있게 뛰고 노는 것이 실제 학교 공부와 연계되는 경우는 생각보다 많다. 어릴 땐 '노는 것이 공부다'라고 하지 않는가. 아이들은 놀면서 많은 것을 경험하고 그 경험은 이후 학습과 공부에 있어 매우 중요한 밑거름이 된다.

우리나라의 전통 놀이인 고누놀이와 윷놀이 등에도 수학적 원리가 숨어 있다. 그중 오늘날에도 온 가족이 모여 자연스럽게 즐길 수 있는 윷놀이는 다양한 확률의 법칙을 배울 수 있다.

윷놀이는 예측 불허의 수가 나오는 놀이이기도 하지만, 나올 수 있는 경우가 확률적으로 어느 정도 예측이 가능한 수학적 게임이다. 여기에 말판의 경로와 상대방의 심리에 따라 움직임을 예측하고 대처해야 하는 등의 종합적인 판단이 필요하다는 점에서 매우 전략적인 놀이라고 할 수 있다.

우선 간단히 수학적인 사실을 살펴보면, 윷 하나가 엎어지거나 뒤집어 지는 경우를 각각 50%라고 했을 때 다음과 같은 확률이 된다.

윷이 놓인 상태	이름	확률
	도	$\frac{4}{16}$ (25%)
	개	$\frac{6}{16}$ (37.5%)
	걸	$\frac{4}{16}$ (25%)
	윷	$\frac{1}{16}$ (6.25%)
	모	$\frac{1}{16}$ (6.25%)
	백도(뒷도)	$\frac{1}{16}$ (6.25%)

그런데 윷의 생김새에 따라 확률은 달라질 수 있고 또 윷을 어떻게 던지느냐에 따라 다양한 변수들이 존재한다.

아이들은 아직 정확히 확률의 개념을 알 필요는 없지만 자연스럽게 윷놀이를 하면서 어떤 경우가 더 자주 나오게 될지 함께 예측해볼 수는 있다. 이를 토대로 어떤 특정한 상황에서 예측대로 말판을 놓게 하여 이길 수 있는 확률을 높여 가는 것은 수학적으로나 게임의 재미를 위해 의미가 있다.

윷의 생김새에 따라 조금씩 다르겠지만 실제로는 윷이 뒤집힐 확률은 약 60%다. 일반적으로 개, 걸, 도, 윷, 모의 순서로 자주 나오고 뒤집힐 확률이 조금만 더 높아도 윷이 도보다 더 자주 나온다.

그러나 부모의 입장에서 아이들과 놀이를 하면서 너무 수학적인 부분을 강조하면 놀이의 재미가 떨어진다. 윷놀이에서라면 특정한 말판에서 "이번엔 말을 어떻게 놓으면 좋을까?" "왜 그렇게 생각해?" 하고 자연스럽게 물어보는 것만으로 충분하다. 아이 스스로 말판을 놓아보게 하는 것도 좋을 것이다.

− 수학적 원리가 숨어 있는 고누놀이와 윷놀이 −

이처럼 아이들이 즐기는 놀이 속에는 수학이나 과학의 원리가 녹아들어 있는 경우가 많다. 놀이를 통한 이런 초보적인 경험들이 나중에 본격적으로 수학이나 과학을 공부할 때 원리나 개념을 보다 쉽게 이해하도록 하는데, 이를 가리켜 수학교육자 데이비드 오수벨 David Ausubel 은 '선행조직자의 원리'라고 불렀다. 그에 따르면 어린 아이들이 문을 열고 닫는 단순한 경험조차도 나중에 수학의 덧셈이나 뺄

셈 또는 곱셈과 나눗셈의 역연산 관계를 이해하는 데 도움이 된다는 것이다.

어릴 때는 모든 경험이 소중하며 놀이 속에서 많은 것을 배우고 깨닫는 중요한 시기라는 점을 다시 한 번 상기할 필요가 있다.

 눈에 보이는 수학

재미있게 놀다 보면
수학 실력이 쑥쑥

우리나라의 놀이뿐만 아니라 영국의 전통놀이인 젠가^{Jenga}나 이집트 쪽에서 유래한 만칼라^{Mancala} 등도 수학적 사고를 키우는 데 도움이 된다. 젠가와 만칼라는 보드게임으로도 출시되어 가족이 모여 함께 즐기기에 좋다. 특히 만칼라는 최근 두뇌를 겨루는 프로그램에서 소개되면서 많은 관심을 끌었는데, 간단히 소개하면 다음과 같다.

■ **만칼라**

이집트의 피라미드 건축현장의 큰 돌을 운반하기 위해 나무기둥 등을 교대로 나르는 것에 착안하여 이집트인이 만들었다는 얘기가 전해진다. 또한 이를 아프리카 노예들에게 전파했고, 이들이 아프리카로 넘어갔다는 설도 있다. 일정한 규칙에 의해 구슬을 옮겨가며 상대방의 움직임을 읽는 전략적 사고가 필요한 고대 게임으로 알려져 있다.

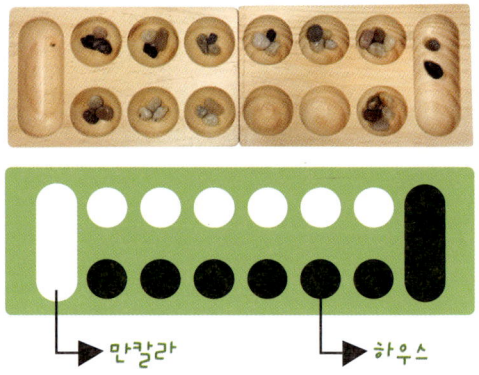

★ 게임 구성: 게임판, 구슬 48개
★ 게임 목적: 하우스에 있는 구슬을 하나씩 옮기면서 자신의 만칼라 안에
　　　　　　 상대방보다 더 많은 구슬 획득하기
★ 게임 준비: 개인 만칼라를 제외한 모든 하우스에 구슬 4개씩 올려놓기
★ 기대 효과: 수 세기, 분류, 어림, 논리, 상황 판단, 전략적 사고

① 두 명이서 순서를 정한 뒤 오른쪽으로 게임을 진행한다. 먼저 한 명이 자신의 여섯 개 하우스 중 한 군데에서 구슬을 모두 잡는다. 그 후 다음 칸부터 손에 쥔 구슬을 한 개씩 옮긴다. 이때 손에 쥔 마지막 구슬이 자신의 만칼라에 들어가면 다시 한 번 순서를 갖는다.

② 자신의 만칼라를 포함해 구슬을 옮기며, 상대방의 하우스에도 구슬을 넣을 수 있다. 상대방 만칼라에는 구슬을 놓을 수 없으므로 뛰어 넘는다. 구슬을 옮기는 도중 본인의 비어 있는 하우스 안에 손에 든 마지막 구슬이 들어갔을 때 맞은 편에 구슬이 있으면 그 구슬을 본인의 하우스에 있는 구슬을 포함하여 본인의 만칼라로 넣어 획득한다.

③ 게임은 본인의 여섯 개 하우스 안에 구슬이 하나도 남아 있지 않을 경우 끝이 나며, 상대방은 자신의 남아 있는 모든 구슬을 가지게 된다.

④ 각자 자신의 만칼라 안에 있는 구슬을 세어본 뒤 더 많은 사람이 승리한다.

4~7세 아이들은 구슬을 두세 개 정도로 시작하여 두 가지 룰 가운데(한 번 더하기, 상대 구슬 뺏기) 한 가지씩 천천히 익히는 것이 좋다. 가족이나 친구 4명이서 둘씩 짝을 지어 팀 대항전을 해보는 것도 좋은데, 함께 전략을 짜면서 색 다른 재미를 느끼고, 의견을 조율하는 의사소통 능력을 키울 수 있다.

답이 틀려도 괜찮아,
과정이 즐거운 놀이 수학

대부분의 아이들이 수학을 공부하면서 관심을 갖는 것은 주어진 문제에 대한 최종적인 결과다. 이러한 경향은 학교에서 문제해결 과정보다는 답의 정확성으로만 아이들을 평가해온 과거의 방식과 무관하지 않다.

수학교육에 있어 정답으로 가는 사고의 과정이 중요시 되면서 점차 학교에서도 답뿐 아니라 답을 구하는 과정을 함께 적어야만 온전한 답으로 인정되는 등 평가 기준이 달라지고 있다.

실제 2017년도부터 학교에 적용된 개정 수학과 교육과정에서는 결과뿐 아니라 답을 구하는 과정을 강조한다. 예를 들어, 지도하고 학습하는 과정에서 "수와 연산 영역의 문제 상황에 적합한 문제해결 전략을 지도하고, 문제해결 과정을 설명하게 하여 문제해결 능력을 기르게 한다" "~자신의 추론 과정을 다른 사람에게 설명하게 한다"라고 명시되어 있다. 또한 평가에서도 "여러 가지 모양 만들기, 꾸미기, 채우기 활동을 평가할 때는 과정 중심 평가를 한다" 혹은 "규칙 찾기를 평가할 때 학생이 자신의 규칙이나 다른 학생의 규칙에 대해 의사소통하는 과정을 평가한다"라고 기술되어 있다.

앞으로는 수학에서 단순히 문제의 정답을 찾는 것만으로는 충분치 않다. 즉, 수학을 배우는 과정에서 자신의 생각을 논리적으로 설명할 수 있는 능력이 강조되는 것이다. 수학적 사고력이 중요시되는 이유도 수학에 대한 깊은 이해를 유도하는 방향으로 평가 기준이 달라지고 있기 때문이다.

자신의 생각을 다른 친구들에게 효과적으로 전달하고 그 답을 찾아낸 경로나 과정에 대해 스스로 설명할 수 있으려면 개념이나 원리에 대한 어설픈 이해가 아닌 충분한 이해가 전제되지 않고서는 불가능하다. 수학적인 용어와 개념을 사용하여 자신의 생각을 표현하고, 자신의 의견과 다르면 반박하거나 다시 보완하여 주장하는 과정을 반복하는 동안 수학적인 이해는 더욱 깊어질 수밖에 없다. 이는 장차 중고등학교 수학에서 배우는 '증명'과도 밀접한 관련이 있다.

수학에 있어 답은 중요하지만 절대적이지 않다는 사실을 아이는 물론 어른부터 인지하는 자세가 필요하다. 답은 마지막 도착지라는 생각으로 아이들의 관심을 답이 아닌 과정으로 바꿔나가는 것이야 말로 수학적 사고력을 키우기 위한 시작이다. 아이들의 수학 공부를 도울 때 교사나 부모들은 "틀렸어! 또는 맞았어!"라고 말하기 보다는 "다시 생각해볼래?" 또는 "좋은 생각 같구나!"라고 말하는 것이 좋다. 그리고 자녀가 왜 그렇게 풀었는지 말해보도록 하는 것이 필요하다.

수학 문제에 대해 답이 틀리고 맞는 것 외에는 평가 기준이 없는 것으로 어릴 때부터 수학을 받아들이면, 아이들은 오로지 자신의 답이 맞았는지 틀렸는지에만 관심을 갖게 된다. 이러한 사고방식은 더 나아가 수학 문제를 풀 때 틀릴까 봐 불안해하는 마음으로 이어져, 결과적으로 자신감을 잃고 수학에 대한 반감을 키울 수 있다.

부모들은 아이가 자신의 답이 맞는지 틀렸는지 물을 때 그것을 확인해주기에 앞서 문제를 어떻게 풀었는지 그 과정을 묻고 귀 기울여 들어주어야 한다. 이러한 자세는 아이가 오답을 말했을 때도 마찬가지다. "어떻게 답을 구했는지 말해줄 수 있겠니?" 혹은 "그렇게 생각하는 이유가 뭔지 말해줄래?"라고 물어보고 아이가 어떤 과정을 거쳐 답을 도출해냈는지 확인하는 것이 중요하다.

물론, 자신이 얻은 답의 과정을 말로 설명하는 것은 쉬운 일이 아니다. 답을 낼 수 있는 능력과 답을 낸 과정을 설명하는 것은 전혀 다른 능력이기 때문이다. 그러나 부모는 아이들에게 자신이 풀이한 과정을 설명하도록 지속적으로 요구하고 그렇게 생각한 이유를 자신의 말로 표현해보는 습관을 기르도록 도와야 한다. 이런 습관은 장차 아이들이 자라 성인이 되었을 때 자신이 발견한 사실을 다른 사람들이 잘 알아들을 수 있도록 말이나 글로 써서 표현하는 것의 기초가 될 것이다. 이런 과정은 공부라기보다는 편안한 상태에서 일상적으로 주고받는 대화 형식이 되어야 한다.

아이들에게 답을 구한 과정을 지속적으로 물으면, 아이들은 자신이 어떻게 문제를 풀었는지 되돌아보게 되고 오류가 있을 경우 스스로 발견하게 된다. 그리고 답을 구하는 것과 더불어 풀이하는 과정을 어떻게 좀 더 조리 있게 설명할 수 있을지에 대해 생각하게 된다. 이런 접근은 아이들로 하여금 보다 원리적인 측면을 생각하게 하기 때문에 수학 학습에 있어서도 효과적이고 수학을 공부하는 본질적인 이유를 생각하더라도 매우 바람직하다.

다양한 생각을 담는
종이와 연필 밖의 세상

전통적으로 수학은 종이 위에 연필을 사용하여 풀이하면서 배워야 가장 효과적이라는 생각을 해왔다. 아이들을 지도하는 교사나 부모들 또한 종이 위에 연필로 풀이를 하면서 수학을 배웠기 때문이다. 하지만 이는 수와 연산의 영역에서는 어느 정도 맞는 말일 수도 있지만 초등학교 수학만 하더라도 크게 수와 연산, 도형, 측정, 규칙성, 자료와 가능성 5개 영역으로 구성되어 있어 한 가지 방식으로 이 모든 영역을 아우르는 것은 한계가 있다.

수와 연산 영역에서는 자연수, 분수, 소수의 개념과 사칙연산을 **도형 영역**에서는 평면 도형과 입체 도형의 개념과 구성 요소, 성질과 공간 감각을 **측정 영역**에서는 시간, 길이, 들이, 무게, 각도, 넓이, 부피의 측정과 어림을 **규칙성 영역**에서는 규칙 찾기, 비, 비례식을 **자료와 가능성 영역**에서는 자료의 수집, 분류, 정리, 해석과 사건이 일어날 가능성을 다룬다(교육부, 2015). 영역에 따라 다양한 도구들을 활용하는 것이 아이의 수학적 능력을 기르는 데 도움이 되고, 어려운 개념을 보다 쉽게 이해하는 데 있어서도 효과적이다.

예를 들어, 새로 바뀌는 교육과정에서 강조하고 있는 도형 영역에서 입체 도형의 위치나 방향성 그리고 공간 감각을 기를 때, 쌓기나무나 소마큐브와 같은 교구를 활용하면 아이들이 직접 손으로 만지고 활동하면서 창의적인 사고를 할 수 있다.

소마큐브를 활용한 창의적인 활동에 대해 간단히 살펴보면 다음과 같다.

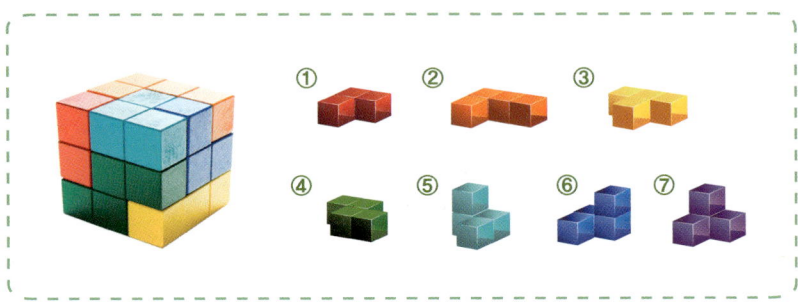

소마큐브는 1936년 덴마크 출신의 수학자 피에트 하인Piet Hine이 개발한 입체퍼즐로 3개, 4개의 정육면체들이 일정한 모양으로 붙어 있는 7개의 조각으로 이루어져 있다. 조각은 7개뿐이지만, 이것들을 활용하여 수천 종류의 모양을 만들 수 있다. 가장 기본적인 모양은 정육면체를 만드는 것인데, 회전과 대칭을 고려하지 않고도 방법이 무려 240여 가지나 된다.

소마큐브의 기하학적 모양의 7가지 조각은 아이들의 촉각을 적절히 자극하고 공간 지각력을 발달시킨다. 또한 신체 조절 능력 및 눈과 손의 협응 능력을 높이고, 여러 가지 모양을 만드는 동안 창의적 사고가 배양된다.

7~8세 정도의 아이에게 소마큐브를 활용하여 만든 다양한 모양의 그림을 보여준 뒤 그대로 만들도록 해보자. 또는 엄마아빠가 만든 모양을 따라 만들어보게 하는 것도 좋다. 다음에는 7개의 조각을 전부 활용하지 않고 일부 조각만을 사용하여 자신이 만들고 싶은 모양을 만들도록 해보자. 그 모양은 다음과 같이 될 것이다.

　10세 이후에는 7가지 소마큐브 조각으로 좀 더 수준 높은 활동을 할 수 있다. 그림을 제시하고 그대로 만들어보는 학습과정을 넘어 주변에 존재하는 사물이나 상상 속에 존재하는 것을 단어로 제시하면 그것을 직접 큐브 조각으로 구현해보는 것이다.

　소마큐브는 조각의 개수에 따라 어린 아이는 물론 성인에 이르기까지 다양한 수준의 활동을 할 수 있다. 이와 같은 활동은 종이와 연필을 가지고는 상상하기 어렵다. 종이와 연필로 할 수 있는 수와 연산 영역의 문제 역시 요즘은 교구를 사용하여 원리적으로 이해하도록 돕는 추세고, 그러한 방법은 획일화된 학습 방법보다 아이들의 다양하고도 창의적인 사고를 이끌어내는 데 효과적이다. 연산 문제가 가득한 학습지 풀이에서는 키울 수 없는 아이의 수학적 창의력이 작은 큐브 속에 한가득 숨어 있는 것이다.

창의력이 높은 특별한 아이로
키워주는 교구

요즘 창의성이라는 말이 교육의 각 분야에서 많이 등장하고 있다. 특히 2017년부터 적용된 개정 수학과 교육과정에서 창의·융합을 강조하면서 아이들의 창의적 역량이 더욱 강조되고 있다. 창의성이란 여러 가지로 정의되지만 일반적으로 여러 분야의 속성을 연결하여 이전에는 생각하지 못하던 것을 생각하도록 하는 성질을 말한다. <u>어떤 아이가 창의성이 있다는 말은 다른 아이들이 생각할 수 없는 것을 생각해내는 능력이 있다는 것을 의미한다.</u>

   그런데 보통 수학에서의 창의성이라는 것은 수학을 공부하면서 다양한 방법으로 풀이를 생각하는 능력(유창성), 또는 다른 사람이 생각하기 쉽지 않은 독특한 방법으로 해결하는 능력(독창성)을 말한다. 예를 들면, 아래 그림과 같이 정사각형 모양을 똑같이 4등분할 때 다음의 경우를 생각해볼 수 있다.

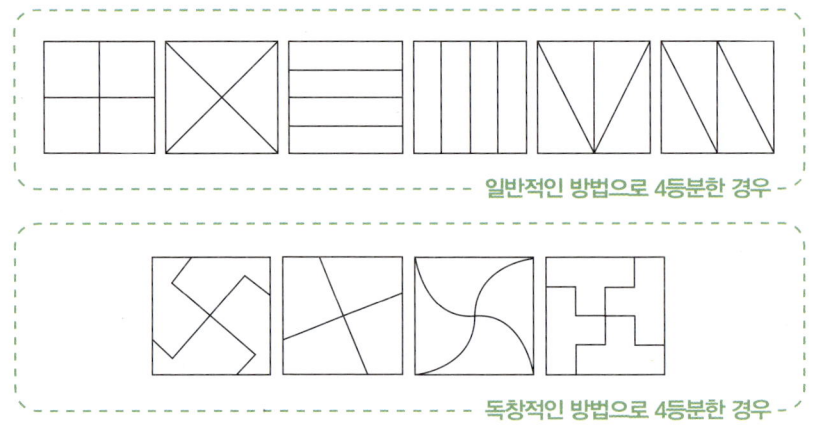

― 일반적인 방법으로 4등분한 경우 ―

― 독창적인 방법으로 4등분한 경우 ―

물론 많은 사람들이 생각하기 쉽지 않은 방법이 무조건 더 좋다고 할 수는 없지만 창의성 요소인 독창성은 뛰어나다고 할 수 있다. 생각의 폭을 넓힌다는 측면에서 다양한 시도를 해보는 것 자체만으로도 의미가 있다.

창의성을 기를 수 있는 방법은 여러 가지가 있지만 수학 교구 중에도 학습 효과와 더불어 창의성을 높일 수 있는 것들이 많다. 창의성을 높일 수 있는 교구 중 하나인 '패턴파인더'를 활용한 창의적인 활동의 예를 살펴보면 다음과 같다.

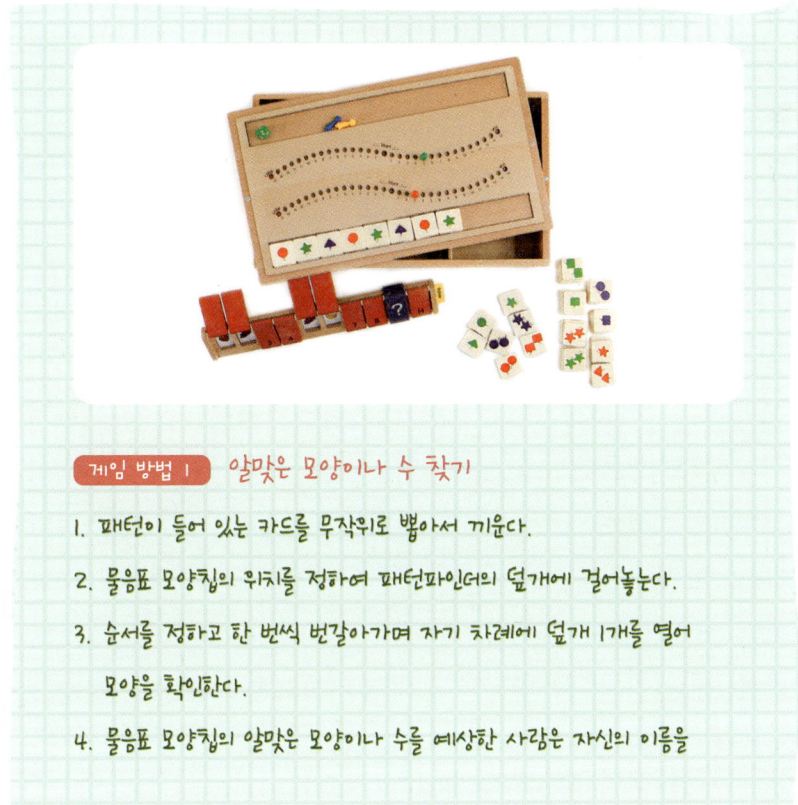

게임 방법 1 알맞은 모양이나 수 찾기

1. 패턴이 들어 있는 카드를 무작위로 뽑아서 끼운다.
2. 물음표 모양칩의 위치를 정하여 패턴파인더의 덮개에 걸어놓는다.
3. 순서를 정하고 한 번씩 번갈아가며 자기 차례에 덮개 1개를 열어 모양을 확인한다.
4. 물음표 모양칩의 알맞은 모양이나 수를 예상한 사람은 자신의 이름을

외친 후 말한다.

5. 정답을 맞힐 때까지 반복한 후 점수 계산 방법에 따라 말을 이동한다.

게임 방법 2 주사위를 던져서 모양이나 수 맞추기

1. 패턴파인더의 9번 덮개 위에 물음표 모양칩을 걸어놓는다.
2. 순서를 정한 다음, 번갈아 주사위를 던져서 나온 수와 같은 번호의 덮개를 열고 모양을 확인한다. 이때 이미 열려 있는 덮개와 같은 수가 나오면 덮개를 열 수 없다.
3. 물음표 모양칩의 알맞은 모양이나 수를 예상한 사람은 자신의 이름을 외친 후 말한다. 만약 동시에 이름을 외친 경우에는 마지막에 덮개를 연 사람에게 먼저 한 번의 기회를 준다.
4. 정답을 맞힐 때까지 반복한 후 점수 계산 방법에 따라 말을 이동한다.

    패턴파인더는 10~11세 수준의 아이들이 해볼 수 있는 교구 활동으로 아이들이 경쟁심을 가지고 모양이나 수의 패턴을 발견하게 하는 좋은 예다. 게임 방법 1과 같이 단순히 번갈아 덮개를 열면서 놀이하는 것보다는 게임 방법 2와 같이 정십면체의 주사위를 번갈아 던져서 나온 눈의 수대로 번호를 열면서 놀이하는 것이 좀 더 흥미롭다. 주사위의 눈이 무작위로 나와 승부를 예측할 수 없다는 점 때문에 아이들이 더 재미있어 하는 것이다.

    패턴파인더 카드의 규칙은 160여 종으로 아주 다양한데, 다음은 숫자로 된 규칙의 예다.

문제 1, 2, 4, 7, 11… 물음표에는 어떤 수가 오게 될까?

이 문제는 사실 고등학교에서 배우는 각 항들 간의 차이가 1, 2, 3, 4…가 되는 계차수열이다. 하지만 어린 아이들도 교구를 가지고 놀면서 이런 수열의 패턴을 어렵지 않게 발견할 수 있다. 이 문제에서 규칙성을 발견한 아이는 물음표에 오는 수가 '37'임을 알 수 있을 것이다.

주어진 카드만을 가지고 하기 보다는 붙였다 뗄 수 있는 작은 스티커를 구입하여 일정한 규칙으로 스티커를 붙이면서 아이들이 창의적으로 자신만의 규칙을 만들어 보게 할 수도 있다. 어떻게 하면 좀 더 복잡한 규칙을 만들까 고민하면서 보다 활발하게 수학적 규칙성을 생각하게 한다는 점에서 한층 진보된 놀이라고 할 수 있다.

창의성을 길러주는 교구 자체의 특성도 중요하지만 교구를 가지고 어떻게 다양한 방법으로 응용해볼 수 있는지 아이 스스로 고민하고 실행에 옮겨 보는 것이 아이의 창의성을 높이는 키 포인트가 될 수 있다.

또한, 상대방이 내는 문제를 잘 푸는 것도 중요하지만 상대방에게 난이도를 조절하여 문제를 잘 낼 줄 아는 능력은 보다 한 차원 높은 수학적 사고를 필요로 한다. 아이와 함께 교구를 활용할 때 역할을 바꿔 아이가 문제를 내고 부모가 문제를 알아맞히거나 혹은 아이가 선생님처럼 개념과 원리에 대해 설명을 하고 부모가 학생처럼 귀담아들은 뒤 질문을 하는 교차적인 방식이 필요한 이유도 바로 그것이다.

창의적인 사고에 대해 너무 어렵게 생각하지 말고 늘 아이와 해오던 방식에서 조금씩 변화를 주거나 가끔은 전혀 색다른 방법을 시도하는 등의 작은 움직임만으로도 충분히 아이들의 머릿속은 환기가 되고 그러한 경험들이 쌓여 창의성으로 발현될 것이다.

 눈에 보이는 수학

다양한 해법을 찾는 과정에서
창의성이 자란다

수학 공부를 하면서 창의성을 기를 수 있는 방법 중 하나는 하나의 문제에 대하여 다양한 풀이 방법을 생각해보는 것이다. 예를 들어, 52-27이라는 단순한 문제에도 다음과 같이 다양한 해법이 존재한다.

- 52-27=40+(10+2)-(20+7)=40-20+12-7=20+5=25
  (십의 자리에서 받아내림을 한 경우)

- 52-27=50-27+2=23+2=25
  (앞의 수를 50으로 생각하고 나중에 2를 더한 경우)

- 52-27=52-30+3=22+3=25
  (뒤의 수를 30으로 생각하고 나중에 3을 더한 경우)

- 52-27=50-30+2+3=25
  (52 대신 50으로 생각하여 나중에 2를 더하고, 27 대신 30을 빼고 나중에 3을 더하는 것. 즉, 십 단위로 만든 다음 차이 나는 부분을 생각한 경우)

- 52-27=60-30-8+3=30-8+3=22+3=25
  (52 대신 60으로 생각하고, 27 대신 30으로 생각하여, 8을 빼고 3을 더한 경우)

- 52-27=57-27-5=30-5=25
  (52를 57로 생각하여 빼기 쉽게 하고 57-27을 한 후, 5를 더 빼는 경우)

- 52-27=52-22-5=30-5=25
  (27을 22로 생각하여 빼기 쉽게 하고 52-22를 한 후, 5를 더 빼는 경우)

PART 3

교구와 함께하는 즐거운 수학 시간

MATHEMATICS

연령에 따른 수학 교구 활용법 : 연령편

마치 계단을 하나씩 오르듯 적정 단계를 밟아가야 하는 수학의 위계성으로 인해 수학교과서나 학습 교재들은 모두 연령별, 수준별로 세분화되어 있다. 수학 교구 또한 마찬가지인데 연령별로 특화되어 있는 교구를 잘 활용할수록 그 효과는 더욱 커질 수밖에 없다. 내 아이에게 맞는 교구를 선택하고, 그에 걸맞은 학습법을 익히도록 하는 것이 중요하지만 어른의 시각에서 아이의 수준을 가늠하는 것은 쉽지 않기 때문에 이때 표준화된 연령에 따른 코칭을 참고하면 도움이 될 것이다. 아이의 발달과정에 따라 교구의 난이도를 어떻게 조절하고 연령별로 어떤 수학적인 부분을 자극하고 중점을 둬야 하는지 영아기인 0~3세, 유아기인 4~7세, 초등학교 저학년인 8~10세로 나눠 자세히 살펴보도록 하자.

1
처음 만나는 수
0~3세

사실 이 연령대에는 수학 교구라기보다는 가지고 노는 장난감으로 보는 것이 더 적절하다. 이 시기의 모든 구체물로 된 장난감은 어린 아이들에게는 신기한 대상이다. 유모차 안에 달려 있는 작은 딸랑이는 아기들의 시각과 청각을 자극하고, 손으로 툭 쳤을 때 쓰러질 듯 다시 중심을 잡는 오뚝이의 움직임은 신기하여 몇 번씩 쳐다보고 만져볼 것이다. 단순해보이지만 이러한 경험들은 쌓이고 쌓여 나중에 중고등학교에서 중력 또는 작용·반작용에 대하여 배울 때 그것의 이해를 위한 기초를 제공한다.

초보적인 선행 경험이 이후의 복잡한 개념을 조직화하고 이해하는 데 도움이 된다는 오수벨의 이론에 따르면 영유아들도 그 시기에 맞는 적절한 자극을 줄 필요가 있다. 우리의 뇌는 외부적인 자극에 반응하면서 발달해가기 때문이다. 그리고 이 시기에는 어떤 특정한 목적을 가지고 수학을 지도하기보다는 교구를 그저 자유롭게 가지고 놀 수 있도록 하는 것이 더 좋다. 이때 부모의 과도한 욕심으로 어린 자녀에게 과도한 노출과 신호를 주는 것은 오히려 뇌 발달이나 정서 발달에 좋지 않다는 사실을 기억해야 한다.

 이 시기의 아이들은 오감을 통해 세상을 배우기 때문에 시각, 청각, 촉각 등을 적절하게 자극할 수 있는 교구를 선택해야 한다. 둥글거나 뾰족한 것, 두껍거나 얇은 것, 부드럽거나 거친 것, 크거나 작은 것, 무겁거나 가벼운 것, 따뜻하거나 차가운 것 등 다양한 성질의 장난감과 생활 도구들이 좋은 교구가 될 수 있다. 이런 경험들은 부모들이 보기에 반드시 수학적일 필요는 없다. 모든 경험이 서로 연계되어 학습하는 것을 돕기 때문이다.

 이 시기에 생각해볼 수 있는 수학적 교구와 몇 가지 활동을 소개하면 다음과 같다. 0~3세 영아기는 수많은 장난감이 교구가 될 수 있으므로 교구 자체보다는 어떤 활동 위주로 교구를 활용하면 좋을지 살펴보고자 한다. 교구들은 꼭 같은 것이 아니어도 되니 적절한 것으로 상황에 맞게 대체하면 된다.

1) 분류하기

Point 소근육 발달과 일대일 대응 익히기

생활 속에서 사물을 구분하고 분류하는 일은 매우 빈번하다. 쓰레기를

― 과일분류칩 · 모양블록 ―

분리수거하는 것, 가족의 옷을 어른 것과 아이 것으로 구분하는 것, 신발장의 신발을 크기별, 계절별로 보관하는 것 등이 해당된다. 어린 아이들에게 사물을 일대일 대응시키거나 색깔이나 모양에 따라 분류하는 활동은 재미있는 놀이도 되지만 수학적으로도 매우 중요한 활동이다.

어떤 대상을 조건에 맞게 구분하고 분류하는 것을 돕는 수학 교구 중에는 '과일분류칩'과 '모양블록' 등이 있다. 과일분류칩은 과일들을 종류별, 크기별, 색깔별로 조건에 맞게 나누는 놀이다. 같은 과일이라도 색깔 혹은 크기가 달라 다양한 분류가 가능하다.

모양블록은 원목판에 정사각형, 정삼각형, 원 모양 등의 블록을 같은 모양 틀에 끼우는 놀이로 2~3살 정도의 영유아들이 재미있게 할 수 있는 활동이다. 단순히 같은 모양의 도형을 끼우는 것에서부터 도형을 반으로 나눈 조각들을 합쳐 하나의 도형을 만들어보면서 소근육 발달은 물론 일대일 대응을 자연스럽게 익히게 된다.

이와 유사한 교구들이 제법 많으므로 이 시기의 아이들에게 보다 안전한 제품 위주로 교구를 고르거나 주변의 사물을 활용하면 된다.

2) 비교하기

Point 서로 간의 유사점, 차이점, 법칙 발견하기

하나 이상의 사물에 대해 개수, 길이, 넓이, 부피, 무게 등 속성의 같은 점과 다른 점을 자연스럽게 구분하고 표현하는 것 역시 수학 활동에 있어 매우 중요한 요소다.

비교 활동을 돕는 교구들 중에는 무게를 비교하는 '양팔저울'과 숫자의 크기를 서로 비교할 수 있는 '수 비교 세트' 등이 있다. 양팔저울은 양쪽에 물체나 추를 올려놓으면서 어느 쪽으로 기울어지는지를 직관적으로 확인이 가능하고 물체마다 다양한 무게가 있고, 어떤 물건이 더 큰 무게를 가지고 있는지 파악할 수 있다. 또한 양팔저울이 수평을 이루게 하려면 양쪽 접시에 물체나 추를 어떻게 올려놓아야 하는지 아이 스스로 깨닫게 한다는 점에서 문제해결 능력 또한 키울수 있다.

수 비교 세트는 1~5까지의 숫자카드와 원목 표지판을 활용하여 그 숫자에 해당하는 만큼 색깔 큐브를 접시에 담아 숫자들 가운데 어떤 숫자가 가장 크고, 어떤 숫자가 가장 작은지 한눈에 비교할 수 있는 교구다. 숫자카드와 색깔 큐브 개수를 대응시키면서 자연스럽게 수를 익

— 양팔저울 · 수 비교 세트 —

히고 수의 크기를 서로 비교할 수 있게 된다. 아이의 수준이 높아질수록 숫자 크기와 비교하는 대상의 가짓수를 조금씩 늘려가면 된다.

3) 규칙성 찾기

> **Point** 물체, 무늬, 수 배열 등에서 규칙 찾고 표현하기

생활 곳곳에 숨어 있는 규칙성을 발견하는 것은 수학을 학습하는 또 하나의 목적이라고 앞서 설명한 바 있다. 아이들이 쉽게 규칙성을 발견할 수 있는 것들이 우리 주변에는 아주 많은데 가령, 집안의 벽지나 그릇 무늬, 겹겹이 피어나는 꽃잎과 잎사귀 등에서도 규칙성을 발견할 수 있다. 물론 수의 규칙성은 좀 더 복잡하고 다양하게 나타나지만, 유아에게는 시각적인 것이 가장 쉽고 재미있게 접근할 수 있다.

널리 사용되는 수학 교구인 패턴블록이나 바둑돌 등으로 규칙적인 무늬를 만들어보게 하나 교구 활용과 더불어 어린 아이들이 규칙성을 발견할 수 있는 상황을 부모가 직접 만들어줄 수도 있다. 그중 가장 좋은 것은 동요 부르기와 신체 움직임이 있는 간단한 율동이다. 아이들은 다른 사람의 행동이나 말을 잘 따라하기 때문에 부모의 노래를 같이 따라하면서 일정한 규칙을 자연스럽게 발견하게 된다.

아기 때 부모가 해주는 "도리도리 짝짜꿍"은 처음에는 얼굴을 보면서 두 가지 규칙으로 하지만 점차 "도리도리 짝짜꿍짝짜꿍" "도리도리 잼잼 짝짜꿍" "도리도리 잼잼 짝짜꿍짝짜꿍" 등 말이나 동작의 가

짓수를 늘리면서 아기와 함께 할 수 있다.

물론 아기 때는 부모의 행동을 쳐다보기만 하지만 크면서 조금씩 동작을 따라하다 보면 규칙성에 대한 감각이 생긴다. 2~3살이 되면 "머리 어깨 무릎 발 무릎 발" 등 보다 복잡한 율동을 하면서 규칙성을 인식시키도록 한다. '인디언 보이'와 같은 노래와 율동도 규칙성을 스스로 깨닫게 한다.

또한 어린 시절에 많이 했던 손뼉 치기(일명 쎄쎄쎄)를 아주 간단한 형식부터 조금 더 복잡한 단계로 늘려가면서 규칙성에 대한 감각을 길러줄 수 있다. 손바닥을 서로 부딪치면서 손바닥을 자극하고 규칙적으로 일정한 동작을 해나가는 것만으로도 아이의 뇌 발달이 촉진된다.

동요는 그 자체로 음률에 규칙성을 가지고 있는 경우가 많아 아이와 즐겁게 놀이할 수 있고, 친밀감과 정서적인 유대감을 높일 수 있다. 아기 때 동요를 많이 불러주고 들려주면 좋은 이유에는 이와 같이 음률 속에 숨어 있는 수학적 감각을 키우는 측면도 있다. 수학이 모든 교과와 유기적인 관계라는 것을 다시 한 번 증명하는 셈이다.

 눈에 보이는 수학

누구나 수학적인 자질을 가지고 태어난다

말을 배우기 전인 어린 아이가 어떤 수학적인 능력을 가지고 있는지 확인하는 일은 쉽지 않다. 심리학자 캐런 윈은 태어난 지 겨우 5개월 정도 된 아기들을 대상으로 아래와 같은 실험을 진행했는데, 그 결과 이들도 1+1=2, 2-1=1 과 같은 아주 초보적인 덧셈과 뺄셈을 할 수 있는 것으로 드러났다(Wynn, 1992).

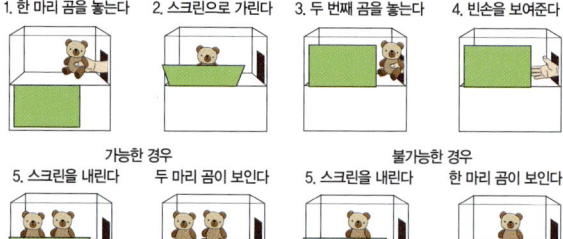

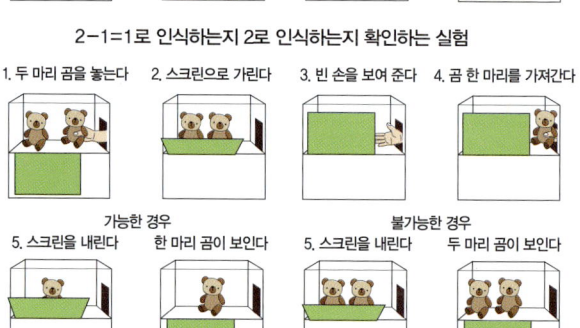

[생후 5개월 아기의 수학적 능력에 관한 실험]

그림과 같이 속이 들여다보이는 상자에 인형 1개를 넣은 후 다시 1개를 넣은 다음(1+1) 2개의 인형을 보여 준 경우와 1개를 보여 준 상황을 비교했더니 아기들은 1개만 보여준 경우 더 많은 시간을 응시했다. 또한 마찬가지로 2-1=1인 경우보다 2-1=2인 경우 더 오랫동안 응시했다.

이 실험을 통하여 윈은 아기들이 자연스럽지 않은 상황에 대해 인지하고 있는 것으로 판단했다. 같은 의미로 아주 어린 아이들도 수의 연산에 대한 능력을 가지고 있고, 그렇기 때문에 영아들에게도 그 시기에 맞는 적절한 수학적 자극을 줌으로써 더 확고한 수학적 사고의 발달을 도울 수 있다고 주장했다.

2
수학의 기초를 배우는 유아 수학 4~7세

이 시기의 아이는 보통 어린이집이나 유치원과 같은 기관에 다니면서 단체 활동을 경험한다. 보통 취학 전 아이들의 수학적 사고 능력에 대하여 과소평가하는 경우가 있는데 이 시기의 아이들은 생각보다 수준 높은 수학적 능력을 가지고 있고 스스로 수학을 배우면서 좀 더 고차원적인 수학을 자발적으로 배워나갈 수 있는 능력 또한 가지고 있다. 이렇듯 중요한 시기에 아이들과 함께하면 좋을 만한 교구 활동으로는 무엇이 있는지 소개하면 다음과 같다.

순번	교구명	적정 연령(세)	활용 분야
1	바둑돌	4~10	수와 연산
2	기차 퍼즐	3~7	수와 연산
3	수 연산 세트	4~7	수와 연산
4	페그보드	3~7	규칙성과 도형
4	시계 모형	3~9	분, 시간, 시각 개념

1) 바둑돌(Baduk Pieces)

Point 다양한 수 개념과 간단한 연산 익히기
[초등 수학 1-1 덧셈과 뺄셈, 5-1 약수와 배수 교과과정 연계]

수학 활동에 있어 흔히 사용되는 교구인 바둑돌은 크기가 작아서 어린 아이들이 손에 쥐기 좋다. 그러한 이유로 초등학교 1학년 때도 수학 시간에 바둑돌 자주 사용한다. 앞서 가르기와 모으기로 10의 보수를 배우는 방법을 소개했는데 바둑돌은 짝수와 홀수, 약수와 배수 개념을 익히는 데도 활용이 가능하다.

먼저 바둑돌로 짝수와 홀수의 개념을 알아보자. 자연수 가운데 짝수는 2, 4, 6, 8, 10…인데 아이들이 이해하기 쉽도록 짝수는 '쌍둥이 수 즉, 같은 수가 합해진 수'라고 설명한 뒤 바둑돌로 이것을 표현해보는 것이다.

```
2-  ●(1) + ●(1)
4-  ●●(2) + ●●(2)
6-  ●●●(3) + ●●●(3)
8-  ●●●●(4) + ●●●●(4)
10- ●●●●●(5) + ●●●●●(5)
```

반대로 자연수 가운데 홀수는 1, 3, 5, 7, 9…으로 같은 수가 아닌 서로 다른 수가 합해지는 수라고 설명한 뒤 바둑돌을 이용하여 아이와 함께 표현해보면 좋다.

```
1- ● (나누어지지 않음)
3- ●, ●● (1과 2를 합한 수)
5- ●, ●●●● (1과 4를 합한 수)
   ●●, ●●● (2와 3을 합한 수)
7- ●, ●●●●●● (1과 6을 합한 수)
   ●●, ●●●●● (2와 5를 합한 수)
   ●●●, ●●●● (3과 4를 합한 수)
9- ●, ●●●●●●●● (1과 8을 합한 수)
   ●●, ●●●●●●● (2과 7을 합한 수)
   ●●●, ●●●●●● (3과 6을 합한 수)
   ●●●●, ●●●●● (4와 5를 합한 수)
```

다음은 바둑돌로 약수와 배수의 개념을 알아보자. 다음은 바둑돌로 2의 배수를 만들어보는 방법이다.

```
2의 1배 만들기 - ●● (2)
2의 2배 만들기 - ●●, ●● (4)
2의 3배 만들기 - ●●, ●●, ●● (6)
2의 4배 만들기 - ●●, ●●, ●●, ●● (8)
```

'나누어떨어지는 수'인 약수 또한 바둑돌을 활용하면 좀 더 쉽게 이해할 수 있다. 예를 들어 '8의 약수'를 바둑돌을 활용하여 생각해보면 다음과 같다.

```
바둑돌 8개 놓기  ●●●●●●●● - 8
바둑돌 8개를 2개씩 나누어놓기  ●●, ●●, ●●, ●● - 2, 2, 2, 2
바둑돌 8개를 3개씩 나누어놓기  ●●●, ●●●, ●● - 3, 3, (2)
바둑돌 8개를 4개씩 나누어놓기  ●●●●, ●●●● - 4, 4
```

이와 같이 바둑돌 8개를 2개씩 나누면 4묶음이 되고 남는 바둑돌이 없다. 바둑알 8개를 3개씩 나누면 2묶음이 되고 바둑돌 2개가 남는다. 바둑돌 8개를 4개씩 나누면 2묶음이 되고 남는 바둑돌이 없다. 따라서 8개의 바둑돌은 1, 2, 4, 8로 남는 바둑돌 없이 묶을 수 있으므로 8의 약수는 1, 2, 4, 8이 된다.

바둑돌은 작은 수부터 시작하여 개수를 늘려가는 것이 좋다. 물론 바둑돌 대신 공기돌이나 동전으로 대신할 수도 있다. 크기가 작은 이러한 교구들은 아이들이 삼키지 않도록 유의하고, 놀이가 끝난 뒤에는 손에 닿지 않는 곳에 보관해야 한다.

2) 기차 퍼즐(Train Puzzle)

Point 수 세기와 간단한 연산 익히기

기차 모양의 원목 틀에 동물들을 태우며 수 세기와 간단한 연산을 할 수 있는 '기차 퍼즐'은 아이들이 재미있는 상황극 놀이를 하면서 수 개념을 배울 수 있는 교구다. 기차에 손님이 하나 둘씩 타고 내리는 과정을 반복하면서 덧셈과 뺄셈을 할 수 있는데, 동물카드 뒷면에는 숫자가 적혀 있어 자연스럽게 수에 익숙해지도록 돕는다. 아이와 함께 기차를 탔던 경험을 이야기하며 다양한 놀이 상황에서 자연스럽게 수학 학습을 도울 수 있다는 점에서 아이들의 흥미를 끌 수 있다.

이러한 교구는 굳이 부모가 놀이를 주도하거나 가르치려고 하지 않아도 아이와 함께 재미있는 학습이 가능하고 조작이 매우 간단하여 아이 스스로 수 세기와 간단한 연산 원리를 깨우치게 한다.

3) 수 연산 세트(Number and Operation Sets)

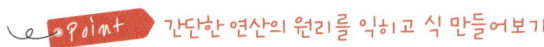

원형으로 된 색깔 칩을 옮겨가며 간단한 덧셈과 뺄셈을 해볼 수 있는 수 연산 세트는 숫자큐브와 연산큐브를 활용하여 그에 해당하는 식을 직접 만들어볼 수 있는 것이 특징이다. 연산의 추상적인 개념을 구체적인 사물인 칩을 이용해 시각화하고 식으로 형식화해보면서 수와 연

산의 개념을 보다 명확히 이해할 수 있게 된다. 반대로 식을 먼저 만든 다음 칩을 이용해 표현해보는 것도 연산의 기초를 다지기에 좋은 활동이다.

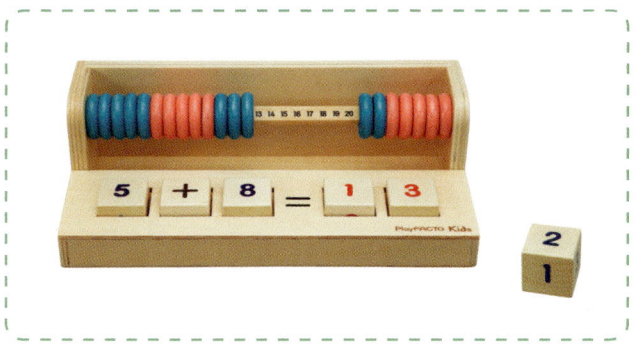

4) 페그보드(Pegboard)

Point 규칙 만들기 및 분류 활동, 도형의 대칭 이해하기

홈이 있는 보드판에 다양한 색깔의 페그(꽂기 교구)들을 자유롭게 꽂으면서 원하는 모양이나 패턴을 만들 수 있는 교구다. 그림을 보며 패턴을 따라 만들던 아이들이 스스로 패턴을 만들 수 있게 되고, 색깔별 페그를 어떻게 활용하느냐에 따라 다양한 수학적 활동을 할 수 있다.

요즘 아이들이 좋아하는 비즈 만들기도 페그보드와 같은 원리로 고리가 있는 보드판에 다양한 색깔의 비즈들을 끼워 원하는 패턴을 만들어낸다는 의미에서 수학적으로 매우 유용한 활동이다. 이러한 활동들은 특히 규칙성 찾기와 도형의 대칭에 대한 학습이 가능하다.

5) 시계 모형(Clock Model)

 시계 읽기 연습과 현재 시각을 시계 모형에 나타내기
[초등 수학 1-2 시계 보기, 2-2 시각과 시간 교과과정 연계]

분침을 돌리면 시침이 따라 돌아가는 모형 시계로 원하는 시간을 마음대로 조정할 수 있다. 시와 분이 적혀 있는 주사위를 던져서 나온 시간을 시계 바늘을 움직여 나타내보고 원목으로 된 숫자큐브를 활용하여 숫자로도 함께 표시하며 시계 읽는 법을 익힌다.

시계를 읽는 것은 초등학교에 들어가면 배우게 되니 너무 강요할 필요는 없고 장난감처럼 가지고 놀면서 자연스럽게 시각을 말해주고 아이도 따라 말해보도록 한다. 어린 아이들은 분침이 한 바퀴를 돌면 시간이 한 칸 움직인다는 것을 발견하는 것만으로도 시간과 분의 관계를 이해하는 데 많은 도움이 된다.

직관적으로 사고하는
4~7세 아이들

피아제의 인지발달이론에 따르면 4~7세의 아이들은 전조작기 단계(2~6세)와 구체적 조작기 단계(7~11세) 사이에 해당된다. 전조작기 단계에서 아이는 자신의 행동이나 감각에 의존하여 생활하지만 전조작기의 후반기가 되면 행동이나 감각에 의존하던 것을 점차 정신적으로 표상하기 시작한다. 이 정신적 표상 단계에서는 말이나 그림 등으로 표현하면서 언어의 정교화가 이루어진다. 자연스럽게 장난감이나 수학 교구를 가지고 소꿉놀이나 학교놀이, 병원놀이 등을 하면서 자기 자신에게 말하는 행동도 하게 된다.

4~7세 아이들의 특징 중 하나는 직관적으로 사고한다는 것인데, 이에 대한 피아제의 유명한 실험이 있다.

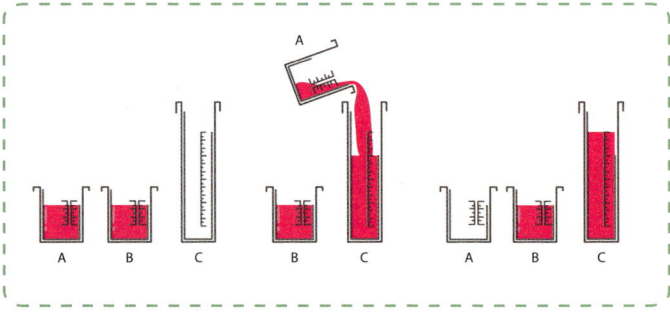

[피아제의 보존 실험]

그림에서와 같이 두 개의 똑같은 그릇 A, B에 물이 들어 있다. 이 시기에 해당하는 아이들에게 둘 중 어느 그릇의 물이 더 많은지 물어보면 하나같이 "같아요"라고 말한다. 그런데 A의 그릇에 있는 물을 좁고 긴 그릇인 C에 넣으면 높이가 높게 올라간다. 그 후 다시 B와 C 가운데 어느 그릇의 물이 더 많은지 물어보면 대부분의 아이들이 C가 양이 더 많다고 말한다. 어른들과 달리 이 시기의 아이들은 직관적으로 높이가 높으면 양이 더 많다고 생각하는 것이다.

이와 같이 이 시기의 아이들은 양의 보존 개념을 가지고 있지 못하다. 보존 개념이란 사물의 모양이 변하거나 여러 부분으로 나누어져도 그 속성은 변하지 않는다는 개념인데 일반적으로 수의 보존 개념은 5~6세, 길이의 보존 개념은 6~7세, 양이나 면적, 무게의 보존 개념은 7~8세, 부피의 보존 개념은 11~12세 정도에 획득된다고 알려져 있다.

3
한차원 높은 초등 수학
8~10세

인지 능력의 극적인 변화로 인해 유아 때와는 전혀 다른 사고를 한다는 점에 주목할 필요가 있다. 체계적이고도 논리적인 사고가 가능해지면서 좀 더 풀이과정이 복잡한 연산을 할 수 있게 된다. 분류와 서열에 있어서도 두 개 이상의 기준을 동시에 고려하여 대상을 분류하고, 순서를 정할 수 있다. 또한 이러한 발달과 더불어 수학에 대한 학습 태도를 스스로 형성해나간다는 점에서 그 어느 때보다 중요한 시기라고 할 수 있다. 아이가 수학에 대해 긍정적인 태도를 가지도록 보다 심화된 내용들을 쉽고 재미있게 학습할 수 있는 교구들을 소개한다.

순번	교구명	적정 연령(세)	활용 분야
1	네 자리 수 수판	5~9	수와 연산
2	분수 학습판	9~11	수와 연산
3	수 개념 저울	5~9	수의 크기, 수와 연산
4	수학 거울	8~11	도형

1) 네 자리 수 수판(4 Digits)

Point 네 자리 수 수에 대한 이해와 연산 익히기

[초등 수학 2-2 네 자리 수 교과과정 연계]

네 자리 이하의 수를 읽고 블록으로 표현할 수 있도록 만든 교구이다. 원하는 숫자카드를 골라 모형에 끼우고 그 숫자에 해당되는 수만큼 둥근 색 블록을 고리에 끼운다. 가령 4,763일 경우 천의 자리인 4에는 파란 블록 4개, 백의 자리인 7에는 빨간 블록 7개, 십의 자리인 6에는 노란 블록 6개, 일의 자리인 3에는 초록 블록 3개를 끼워 표시한다.

함께 들어 있는 숫자큐브와 1000, 100, 10, 1이라고 쓰여 있는 자릿값큐브를 굴려 해당되는 숫자와 자릿값을 서로 대응시키거나 자릿값큐브를 굴려 나온 자리에 블록을 하나씩 끼워가면서 블록 숫자만큼 숫자카드로 표현하고 수를 읽어보는 방법 등 다양한 활동을 할 수 있다. 일의 자리, 십의 자리, 백의 자리, 천의 자리까지 총 네 자리 수를 공부할 수 있고 블록을 활용하여 간단한 연산도 가능하다.

또 다른 형태인 주판형으로도 사용할 수 있는데 주판형은 1부터

100까지 수 세기에 유용하며 활용하는 방법에 따라 다양한 사칙연산이 가능하다. 이러한 주판들은 주판알의 위치와 색깔 및 촉각을 동시에 기억하게 하여 아이의 연상 능력을 더욱 높일 수 있다는 장점이 있다.

2) 분수 학습판(Fraction Board)

Point 분수의 크기 비교 및 분수의 덧셈, 뺄셈 이해하기
[초등 수학 3-1 분수와 소수, 4-1 분수의 덧셈과 뺄셈 교과과정 연계]

원이나 정사각형을 일정 비율에 따라 나눈 뒤 색깔별 다르게 표시한 교구로 특정 부분이 전체 도형에서 차지하는 비율을 직관적으로 알 수 있는 것이 특징이다. 수와 각도의 개념을 형성하는 데 도움이 되고 분수의 크기도 서로 비교할 수 있으며, 간단한 분수의 덧셈과 뺄셈도 가능하다. 아이가 직접 분수의 계산들을 다양하게 구성해봄으로써 전체와 부분에 대한 이해를 돕는다.

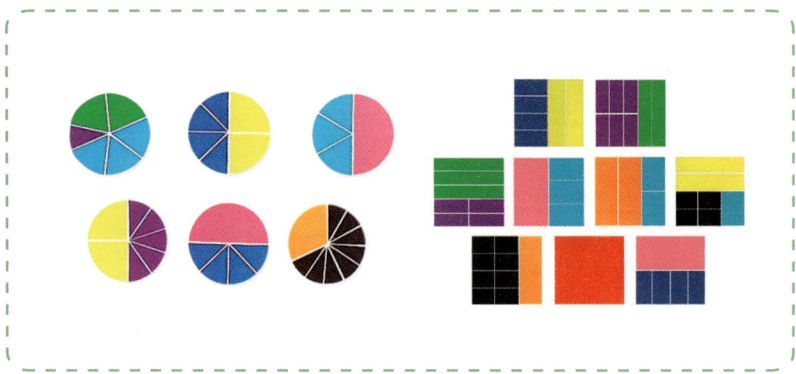

3) 수 개념 저울(Math Balance)

Point 수의 크기 비교 및 간단한 연산 익히기
[초등 수학 2-1 덧셈과 뺄셈, 곱셈 교과과정 연계]

양팔저울의 양쪽에 같은 간격으로 1에서 10까지의 숫자가 써 있고, 각 숫자마다 추를 달아 수의 합과 수의 크기를 비교하도록 만든 교구다. 예를 들어 왼쪽 숫자 2, 4, 6에 추를 1개씩 걸고, 오른쪽 숫자 2, 4, 5에 추를 1개씩 걸면 2+4+6 〉 2+4+5이기 때문에 저울은 왼쪽으로 기울어진다. 또한 왼쪽 숫자 2, 3에 추를 1개씩 걸어두고 오른쪽 어느 숫자에 추를 걸어야 저울이 균형을 이루는지 살펴볼 수도 있다. 2+3=5 이므로 아이는 오른쪽 숫자 5에 1개의 추를 걸면 저울이 균형을 이룬다는 사실을 깨닫게 될 것이다.

덧셈과 뺄셈뿐만 아니라 수 개념 저울을 활용하여 곱셈도 할 수 있다. 예를 들어 왼쪽 10의 자리에 추 2개를 걸어두고, 오른쪽에 5의 자리에 추를 4개 걸어두면 평형을 이룬다. 이를 통하여 아이들은 10×2=4×5 임을 알 수 있게 된다.

출처: 러닝리소스

4) 수학 거울(MIRA)

> **Point** 도형이나 그림의 대칭, 합동에 대해 이해하기
> [초등 수학 5-2 도형의 대칭 교과과정 연계]

도형이나 그림의 대칭, 합동에 관한 활동에 유용하다. 여러 장의 그림 카드를 틀에 놓고, 수학 거울을 끼우면 반대쪽에 합동인 그림이 비춰 나타나는 원리다. 주어진 카드 외에도 반쪽 도형을 그린 뒤 수학 거울에 비친 대칭 도형을 따라 하나의 도형을 완성하는 활동을 하며 대칭과 합동의 성질을 이해할 수 있다.

초등학교 저학년 시기에는 학교에서 수학 시간에 선생님과 함께 사용하는 교구들도 있으므로 가정에서도 이러한 교구를 동시에 활용하면서 학교에서의 활동을 연계하고 보완하는 활동을 하면 좋을 것이다. 초등학교 1~4학년 수학교과서에서 사용하는 수학 교구 목록은 이 책의 부록에 수록되어 있으므로 참고하기 바란다.

영역에 따른 수학 교구 활용법 : 영역편

수학 교구는 교구의 특성에 따라 어느 특정한 영역의 수학을 공부하는 데 더 많은 도움이 될 수 있다. 일반적으로 수학의 영역은 수와 연산(수와 사칙연산에 대한 내용), 도형(도형의 특징 및 성질에 대한 내용), 측정(길이, 넓이, 부피, 무게 등에 대한 내용), 규칙성(패턴에 대한 내용), 자료와 가능성(확률과 통계 관련 내용)으로 나눈다. 물론 대부분의 수학 교구가 한 영역의 내용만을 다루지는 않지만, 그중에서 특정 영역의 내용을 효과적으로 지도할 수 있는 대표적인 수학 교구들을 살펴보자.

1
수와 연산 영역

유아나 초등학교 저학년 아이를 둔 부모들이 가장 신경을 많이 쓰는 영역이다. 수는 모든 영역의 바탕이 되고 연산 능력은 그것을 활용하는 가장 기본적인 수단이기 때문이다. 수 개념을 익힌 아이들은 이 시기에 다양한 자연수의 사칙연산을 배우게 된다. 이때 연산 활동을 재미있고 다양한 측면으로 경험해볼 수 있는 수학 교구들을 활용하면 계산은 지겹고 복잡한 과정이라는 아이의 인식을 바꿀 수 있다. 또한 계산의 원리를 이해할 수 있어 다양한 응용문제도 보다 쉽게 해결할 수 있다.

순번	교구명	적정 연령(세)	활용 분야
1	도트 도미노	8~9	자연수의 덧셈과 뺄셈
2	매지믹서	8~9	자연수의 사칙연산 및 혼합산
3	분수 주사위	9~13	분수의 크기 비교와 연산
4	십진블록(수 모형)	8세 이상	수의 이해, 자연수의 사칙연산

1) 도트 도미노(Dot Domino)

Point 수 개념 및 인지, 연산 논리 능력 키우기
[초등 수학 1-1, 2-1 덧셈과 뺄셈 교과과정 연계]

도트 도미노는 일반적으로 직사각형 모양의 플라스틱이나 원목으로 만들어져 있는데 한 조각을 반으로 나누어 주사위처럼 1부터 6까지의 점들이 표시되어 있다. 도트 도미노는 간편하게 종이나 카드로도 만들어 사용할 수 있을 만큼 구성이 단순한데 앞의 블록을 쓰러뜨린 도미도들을 평면적으로 생각하면 보다 이해하기 쉬울 것이다.

도미노 블록들은 서로 겹치게 이을 수도 있는데 기차처럼 연결하여 서로 맞닿아 있는 양쪽 칸의 점들을 합하거나 빼는 원리다. 덧셈과 뺄셈, 자릿값과 수의 순서, 분수의 기본 개념, 자연수와 분수의 사칙연산 등을 이해하는 데 도움이 된다. 다음은 도트 도미노의 몇 가지 활용의 예이다.

도트 도미노로 기초적인 덧셈과 교환법칙을 이해할 수 있다. 예를 들어 7을 만들고 싶다면 다음과 같이 두 개의 도미노를 붙여놓으면 된다.

3+4=4+3과 같은 식은 다음과 같이 표현하면 된다.

같은 원리로 뺄셈도 생각해볼 수 있다. 예를 들면 두 수의 차가 2인 것을 찾으라고 할 때, 다음과 같이 도미노를 놓으면 된다.

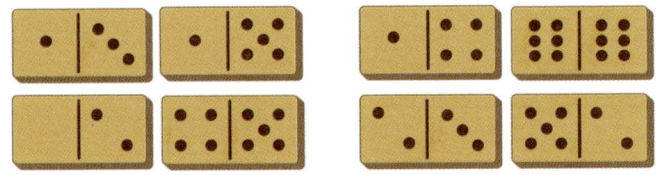

물론 계속하여 두 수의 차가 2가 되도록 놓아갈 수도 있고, 더 응용하여 간이식 마방진을 만들 수도 있다. 마방진은 가로, 세로 혹은 대각선 방향에 있는 수들의 합이 같은 것이다. 다음은 가로와 세로에 있는 수들의 합이 6인 경우다.

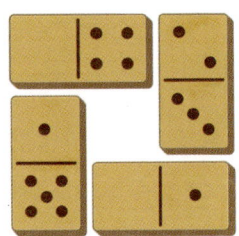

2) 매지믹서(Magimixer)

Point 사칙연산의 활용과 수학적 추론 능력 키우기
[초등 수학 4-1 혼합계산 교과과정 연계]

꽃모양으로 된 플라스틱 교구로 가운데에 10, 20, 30, 40, 50, 60으로 이루어진 주사위 1개, 주변에 1, 2, 3, 4, 5, 6의 숫자가 적힌 6개의 주사위가 배치되어 있다. 매지믹서는 마치 게임하듯 즐기는 가운데 사칙연산 학습에 도움을 주고, 계산 능력을 향상시키는 데 효과적이다.

출처: 오르다

사용 방법은 ①가장 먼저 매지믹서를 손바닥으로 돌려가면서 주사위를 섞고, ②2개의 검정 주사위에 나온 수를 더한다. ③이 수와 같은 수를 만들기 위하여 흰 주사위에 나타난 5개의 수를 순서에 상관없이 모두 한 번씩 사용하여 더하기, 빼기, 곱하기, 나누기를 하여 계산한다. 이 때, 괄호는 몇 번이고 사용해도 좋다. ④가장 먼저 식을 만든 사람이 승리한다. 정답이 나오지 않을 경우에는 다시 하거나, 정답에 가장 가까운 수를 맞춘 사람이 이기는 것으로 할 수도 있다.

그림과 같이 주사위가 나왔을 경우 흰 주사위로 이루어진 5개의 숫

자(1, 3, 3, 4, 5)를 더하고, 빼고, 곱하고, 나누는 사칙연산 과정을 통해 두 개의 검정 주사위에 나타난 수를 더한 수(20+3)인 23을 만들면 된다. 이런 예는 다음과 같이 생각해볼 수 있다.

$$(5 \times 3) + 4 \times (3-1) = 23$$

다른 예로 검정 주사위가 40, 6이 나오고, 흰 주사위가 2, 4, 4, 5, 6일 경우에, 다음과 같이 생각할 수 있다.

$$4 \times 6 + 4 \times 5 + 2 = 46$$
$$(4 \times 5) \times (4-2) + 6 = 46$$
$$(5+6) \times 4 + 4 - 2 = 46$$
$$(4 \times 5) \times (4 \div 2) + 6 = 46$$

이런 놀이는 부모와 아이가 함께할 수도 있고, 친구들끼리 할 수도 있다. 그런데 언제나 가장 먼저 만드는 사람이 이긴다면 잘하는 사람만 승리하게 된다. 그러므로 여러 명이 함께 매지믹서를 사용할 때는 3~5분 정도의 시간을 주고 보다 많은 풀이를 찾는 사람을 이기는 것으로 정할 수도 있다. 또는 여러 명일 경우 두 사람씩 한 팀이 되어 더 많은 방법을 찾는 것도 색다른 재미를 줄 수 있다. 일반적으로 검정 주사위 두 수의 합이 11, 16인 경우부터 24, 45 그리고 31, 41, 51과 같은 순서로 나갈수록 점점 어려워지므로 이 순서대로 차근차근 수를 만들어보는 것도 좋다. 물론 자유자재로 만들면서 어떤 수를 만드는 것이 어려운지 스스로 발견하는 것도 흥미로울 것이다.

3) 분수 주사위(Fraction Dice)

Point 도형의 비율을 분수로 나타내기, 분수의 연산 능력 키우기
[초등 수학 4-1, 5-1 분수의 덧셈과 뺄셈 교과과정 연계]

분수 주사위는 일반적으로 점 대신에 분수로 표시한 주사위를 말한다. 이런 주사위를 굴려 나온 값으로 분수의 덧셈과 뺄셈, 곱셈과 나눗셈, 서로 같은 값을 찾는 활동 등을 할 수 있다. 분수 주사위는 직관적으로 여섯 면에 1, 1/2, 1/3, 1/4, 1/6, 1/8, 1/12 등의 원형분수 모형이 다양한 색으로 표시되어 있는데, 필요한 분수가 직접적으로 쓰여 있는 것도 있다.

출처: 러닝리소스

분수 주사위가 없다면 플라스틱이나 원목으로 만들어진 기존의 주사위 위에 분수를 써서 사용하거나 정육면체의 전개도에 직접 분수를 쓴 다음 접어서 사용할 수도 있다.

분수 주사위의 활용 방법은 주사위를 번갈아가면서 굴려 큰 수(작은 수)가 나오면 이기는 간단한 놀이에서부터, 두 주사위를 동시에

던져 합이나 차를 계산한 뒤 차가 큰(작은) 사람이 이기는 좀 더 복잡한 형태로도 응용이 가능하다. 물론 더 나아가 분수의 곱셈이나 나눗셈을 해보는 것도 좋을 것이다.

4) 십진블록(수 모형, Base 10 Blocks)

> **Point** 사칙연산의 이해와 수의 크기 비교하기
> [초등 수학 3-1 덧셈과 뺄셈, 4-1 곱셈과 나눗셈, 4-2 소수의 덧셈과 뺄셈, 5-1 다각형의 넓이 교과과정 연계]

십진블록은 교구의 중요성을 강조한 수학교육자 졸탄 디에네스$^{Zoltan\ Dienes}$가 고안한 것으로 단위블록, 막대블록, 판블록, 정육면체블록으로 구성되어 있다. '수 모형'으로도 잘 알려져 있으며 십진기수법 개념, 자연수와 소수의 사칙연산, 자연수의 크기 비교, 입체 도형의 겉넓이와 부피 구하기 등 초등 수학 교과과정 전반에서 활용할 수 있다.

십진 체계의 자릿값을 나타내어 사용하며, 기호를 사용하지 않고 수학의 구조를 가르칠 수 있어 의미 없이 숫자를 쓰고 읽는 것이 아닌 십진기수법의 개념을 정확히 이해하는 데 도움이 된다.

십진블록에서 단위블록은 1, 막대블록은 10, 판블록은 100, 정육면체블록은 1000을 나타낸다. 가장 기본적인 활동으로는 네 가지 블록을 놓고 싶은 개수만큼 놓은 다음 그것이 나타내는 수가 무엇인지 알아맞히는 놀이다. 예를 들어 단위블록 1개, 막대블록 3개, 판블록 4개, 정육면체블록 2개일 경우 나타내는 수는 2,431이 된다.

놀이를 진행하다 보면 아이들이 각 블록을 10개 이상 놓는 경우가 있다. 이는 더 큰 단위로 받아올림 되는 경우로 아이들이 자연스럽게 받아올림, 단위의 교환을 이해할 수 있다.

시중에서 파는 수 모형 교구 가운데 보관을 용이하게 하기 위해 단위블록이나 막대블록보다 판블록, 정육면체블록의 크기가 더 작은 경우가 종종 있다. 이는 1과 10을 나타내는 교구보다 100, 1000을 나타내는 교구의 크기가 더 작아 아이들에게 잘못된 인식을 심어줄 수 있으므로 잘 살펴보고 구입하는 것이 좋다.

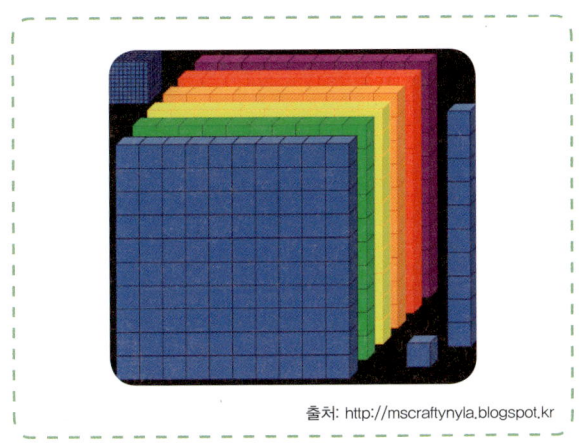

출처: http://mscraftynyla.blogspot.kr

2
도형 영역

도형 영역은 초등학교 시기에 기본적인 개념들을 확실히 알아두어야 중고등학교에 가서도 수월하다. 특히 교구를 활용하면 어린 아이들뿐만 아니라 수준 높은 중고등학생들도 도형의 여러 가지 성질이나 특징을 이해하고, 규칙성을 탐구하는 데 많은 도움이 된다. 도형은 흥미로운 요소가 많아 아이들의 관심도가 높지만 심화될수록 매우 어려워하는 영역이기도 하다.

앞에서 간단히 소개한 내용도 있으나 그 사용의 빈도나 중요도에 비추어 이번 파트에서 보다 상세히 살펴보고자 한다.

순번	교구명	적정 연령(세)	활용 분야
1	입체 도형	3~9	도형 인식, 공간 감각
2	쌓기나무	8~13	도형의 공간 감각
3	소마큐브	8~13	도형의 방향과 공간 감각
4	포디프레임	8세 이상	도형의 성질

1) 입체 도형(Solid Figures)

Point 입체 도형의 개념과 성질 익히기

[초등 수학 1-1 여러가지 모양 교과과정 연계]

입체 도형은 일반적으로 원목에 다양한 색깔의 각기둥, 각뿔, 원기둥, 원뿔, 구, 정다면체 등으로 구성되어 있다. 우리가 생활 속에서 만지는 물건들은 대부분 입체 도형의 형태이므로 어린 나이 때부터 이러한 교구들을 가지고 놀면서 입체 도형이 가지고 있는 특징을 손의 감각과 활동 경험을 통해 익히도록 한다.

그 후 아이의 수준에 맞게 여러 가지 입체 도형들의 구성 요소와 성질 탐구, 회전체의 단면 등 공간 개념에 대해 알아보는 활동으로 전개시켜나가는 것이 좋다.

입체 도형에 대한 본격적인 활동은 초등학교에 들어가면 하게 되는데, 입체 도형의 다양한 생김새를 살펴보며 평면 도형과 차이점에 대해 아이와 함께 얘기해보고 특성을 익히는 것만으로도 많은 도움이 될 것이다.

2) 쌓기나무(Blocks or Cubes)

> **Point** 도형의 규칙에 대한 이해와 공간감각 키우기
> [초등 수학 2-2 규칙 찾기 교과과정 연계]

쌓기나무를 널리 사용하는 이유는 단순한 모양으로 어린 나이에서부터 어른들까지 놀이를 하면서 다양한 활동을 할 수 있기 때문이다. 학년별로 수학적인 측면에서 쌓아놓은 모양을 여러 방향에서 보고 그

모양을 그려보게 하거나, 반대로 각 방향에서의 모양을 보고 전체의 모양을 추론하는 문제 등이 제시된다. 쌓기나무는 도형 영역에서 필수적인 공간 지각력과 방향 감각을 기르는 데 유용하다. 쌓기나무 블록과 관련된 문제들의 예시를 살펴보면 다음과 같다.

쌓기나무 블록 개수 구하기

초등학교 수학교과서에는 "다음 쌓기나무 블록의 개수는 몇 개인가?"라는 식의 문제가 출제된다. 어떻게 하면 정확하게 셀 수 있을까? 직관적으로 세는 방법도 있겠지만 이런 문제를 보다 논리적으로 풀기 위해서는 각 줄마다 몇 개의 쌓기나무 블록이 있는지 알아보는 것이 필요하다.

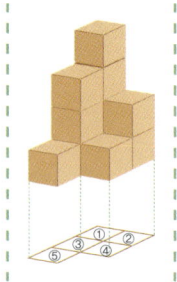

즉, 그림과 같이 ①번 자리에 4개, ②번 자리에 2

개, ③번 자리에 3개, ④번 자리에 1개, ⑤번 자리에 1개의 블록이 있으므로 쌓기나무 블록은 모두 4 + 2 + 3 + 1 + 1 = 11(개)이다.

각 방향에서 본 쌓기나무 모양 그리기

주어진 쌓기나무의 위, 앞, 옆에서 본 모양을 그리도록 하는 것도 쌓기나무로 할 수 있는 주요 활동 가운데 하나이다. 큰 모눈종이의 한 칸을 쌓기나무 블록 하나로 생각하여 각 위치에 있는 쌓기나무를 보이는 모양 그대로 그려보게 한다.

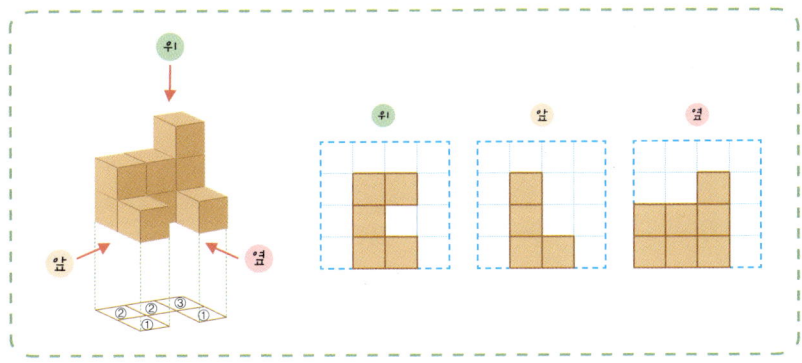

각 방향에서 본 그림을 토대로 전체 모양 생각하기

쌓기나무의 위, 앞, 옆 모양의 그림을 보여 주고 전체의 모양을 생각하게 한 뒤 쌓기나무로 직접 만들어보게 한다.

쌓기나무로 규칙성 확인하기

쌓기나무로 일정한 패턴에 의해 모양을 만들어가는 동안 규칙성을 발견할 수 있다. "다음과 같이 쌓기나무 블록을 일정한 규칙으로 쌓아갈 때, 네 번째는 몇 개의 쌓기나무 블록이 필요한가?"와 같은 문제를 쌓기나무로 직접 쌓아보면서 알아볼 수 있다.

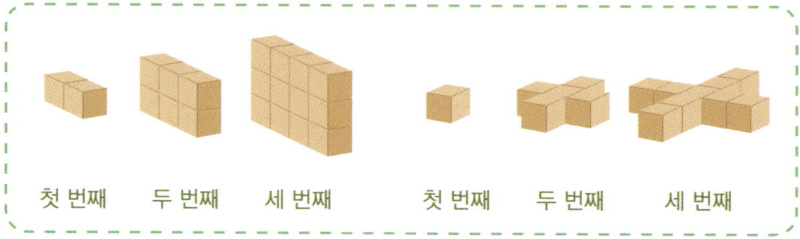

첫 번째 두 번째 세 번째   첫 번째 두 번째 세 번째

3) 소마큐브(Soma Cubes)

Point 기하학적 사고 및 공간감각과 창의력 키우기
[초등 수학 1-1 여러가지 모양, 5-1 직육면체 교과과정 연계]

소마큐브는 도형 영역을 학습할 수 있는 대표적 교구다. 7개의 블록으로 정육면체를 비롯한 많은 기하학적 모양들을 만들 수 있는데 처음부터 7조각을 모두 사용하기 어려운 경우 조각을 2개 또는 3개만 사용하여 자유롭게 만들면서 점차 개수를 늘려가는 것이 좋다. 구체적인 사물을 만들거나 나만의 창의적인 작품을 만들어보는 것도 도형 감각을 키울 수 있는 좋은 방법이다.

계단   소파   목욕탕   비행기

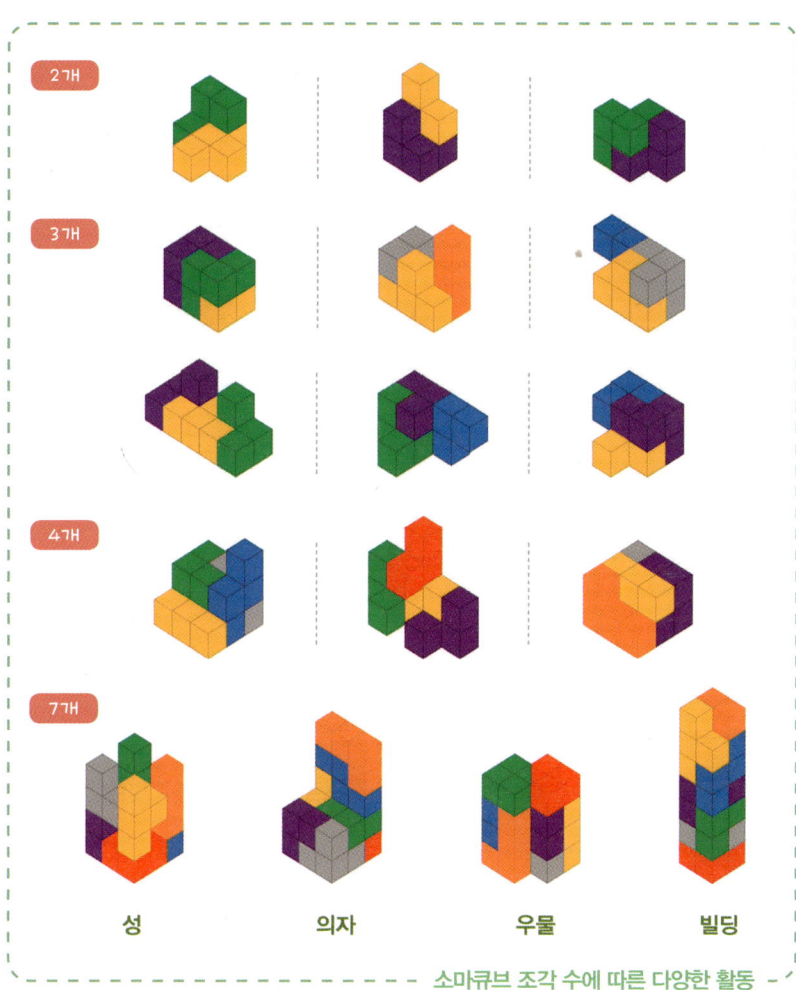

소마큐브 조각 수에 따른 다양한 활동

 소마큐브로 할 수 있는 활동을 정리해보면 다음과 같다. 소마큐브 조각의 특징 설명하기, 소마큐브를 이용하여 다양한 모양 만들기, 입체도형의 기준을 정해 분류하기, 소마큐브 퍼즐로 정육면체 모양 만들기, 합동인 정육면체 3개, 4개를 붙여서 만들 수 있는 입체 도형 찾기, 소마큐브 조각을 이용한 넓이와 부피 탐구하기 등이다.

소마큐브 7조각을 사용하여 정육면체를 만드는 방법은 무려 480여 가지로 알려져 있다. 따라서 방법을 외우지 말고 놀이하듯 매번 다른 방법으로 다양하게 만들어보는 것이 좋다.

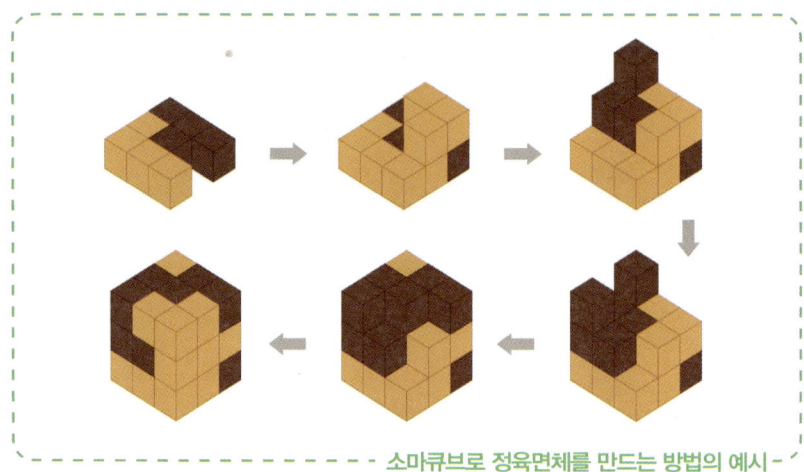

- 소마큐브로 정육면체를 만드는 방법의 예시 -

소마큐브의 장점은 많지 않은 블록 조각으로 다양한 모양들을 만들 수 있고, 자신만의 모양을 창의적으로 생각하여 만드는 동안 수학적인 요소를 아이 스스로 찾아보게 한다는 데 있다.

4) 포디프레임(4D Frame)

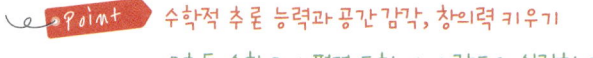

▶Point 수학적 추론 능력과 공간 감각, 창의력 키우기
[초등 수학 3-1 평면 도형, 4-1 각도와 삼각형 교과과정 연계]

우리나라의 전통 건축물들이 못을 쓰지 않고 끼워서 만든 것에 착안하여 개발된 포디프레임 4D Frame은 스웨덴 등의 외국에 수출할 만큼 수

학적으로 활용도가 높다. 빨대를 연결발로 연결하여 다양한 도형들을 만들어가는 교구인데, 아주 간단하지만 구현할 수 있는 대상이 매우 다양하며 아이들의 수학적 추론 능력과 공간 지각력을 기르는 데 매우 효과적이다.

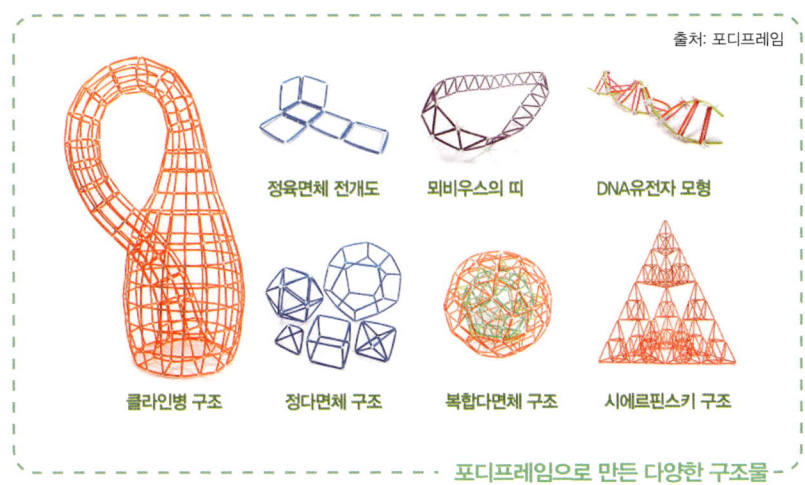

- 포디프레임으로 만든 다양한 구조물 -

포디프레임을 활용하여 유치원생과 초등학생 수준에서 창의적인 작품을 만드는 행사가 대전과학관에서 해마다 개최되고, 서울과학관이나 국립과천과학관에서도 각종 체험 행사들이 진행되고 있다.

포디프레임으로
나만의 작품 만들기

포디프레임으로 작품을 만들 때는 크기나 방향을 생각하면서 만들어야 한다. 예를 들어, 원 모양을 만들려면 원주율을 생각하여 계산한 후에 여기에 맞게 연결봉의 크기를 조절해야 한다. 물론 처음에는 시행착오를 겪을 수 있지만 많이 만들어볼수록 점점 더 세련된 모양으로 자신만의 작품을 만들 수 있을 것이다. 작품을 만들면서 길이를 재고, 자르고, 연결하는 과정을 통해 수학적 능력이 자라고 완성된 작품을 상상하며 추론하는 융합적 사고를 키울 수 있다.

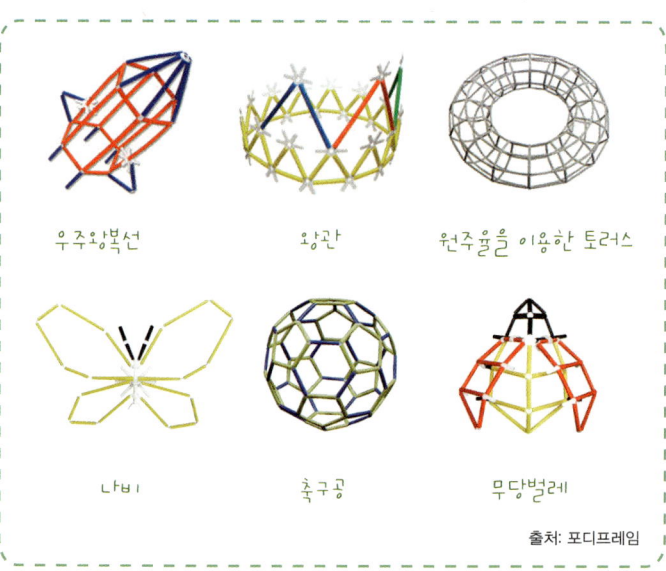

출처: 포디프레임

3

측정 영역

측정 영역은 어떤 특정한 속성에 의하여 크기나 양, 기한이나 시간이 얼마인지를 재고 계산하는 활동과 관계가 있다. 생활 속에서 아이의 키와 몸무게를 재어보는 활동, 컵에 따른 우유의 양을 가늠하는 활동, 아이의 생일이 얼마 남았는지 아이와 함께 달력에서 날짜를 세어보는 활동 등이 모두 측정 영역에 해당한다.

아이의 수준과 연령에 따라 간단하고 비표준적인 교구나 나름대로의 단위를 사용하다가 점차 표준단위를 사용하여 정확하게 측정해가는 순서로 활동하는 것이 좋다.

순번	교구명	적정 연령(세)	활용 분야
1	여러 가지 측정 도구	4 ~ 8	길이 측정, 수 세기
2	쌓기나무	10 ~ 13	겉넓이와 부피
3	만년달력	9 ~ 13	요일, 일, 주, 월, 년
4	양팔저울과 추	9 ~ 13	무게 측정, 비교하기

1) 여러 가지 측정 도구(Various Measurement Tools)

Point 수 세기 및 길이 재기

[초등 수학 1-1 9까지의 수, 2-2 길이재기 교과과정 연계]

여러 가지 도구를 활용하여 길이, 넓이, 부피, 무게, 각도 등을 측정할 수 있다. 앞서 설명한대로 아이들은 비표준적인 측정에서부터 표준적인 측정을 하는 방향으로 나아갈 필요가 있는데, 아이들이 재미있게 연결하고 노는 연결핀은 비표준적인 측정 도구로 삼기에 매우 좋은 교구이다. 다양한 색깔의 플라스틱 핀 모양을 서로 연결하면서 전체의 개수나 길이를 생각해보는 것으로 측정 개념을 보다 쉽게 이해할 수 있다. 핀을 7개 연결하면 얼마의 길이가 될 것인지 물어본 뒤, 실제로 연결하여 아이와 함께 자로 재어보는 활동은 길이의 어림에 대한 양감을 키울 수 있다.

길이를 잴 수 있는 연결핀

좀 더 어린 나이의 아이들은 동물 모형을 갖고 놀면서 한 줄로 누가 더 길게 늘어놓았는지 비교하는 것만으로도 자연스럽게 길이를 배울 수 있고, 생활 속의 다양한 물건들로도 측정이 가능하다. 그 후에는 이런 구체물을 단순화한 연결큐브를 사용하여 같은 활동을 할 수 있다.

비표준적인 활동으로 어느 정도 측정에 대한 흥미가 생긴 아이들은 일반적으로 많이 사용하는 표준적인 도구를 사용하여 측정한 값을 표준단위인 mm, cm, m, km, cm^2, m^2, km^2 등을 사용하여 나타내도록 한다. 그러나 이런 표준단위를 사용하는 것은 초등학교 들어가면 자연스럽게 배우게 되므로 어린 아이들에게 무리하게 가르치거나 인식시키려는 것은 옳지 않다.

- 측정에 사용할 수 있는 동물 모형과 다양한 도구들 -

2) 쌓기나무(Blocks or Cubes)

Point 각 도형의 겉넓이와 부피 구하기
[초등 수학 6-2 쌓기나무 교과과정 연계]

단순하지만 활용도가 매우 높은 교구인 쌓기나무는 앞서 도형 영역에서 주요 교구로 소개했지만 측정 영역에 있어서도 활용도가 높다. 특히 평면 도형에서 직사각형의 넓이와 직육면체의 부피 공식을 유도하고 이해하는 데 도움이 된다. 아이들에게 직사각형의 넓이를 구하는 공식이 무엇이냐고 물어보면, 공식을 배운 아이들은 쉽게 "가로×세로"

라고 말할 것이다. 그런데 "왜 그런 공식이 적용될까?"라고 되물었을 때 그 이유를 제대로 말할 수 있는 아이는 많지 않다. 주어진 공식만 외웠을 뿐 직사각형의 넓이를 계산하는 원리를 제대로 이해하지 못했기 때문이다.

직사각형의 넓이는 직사각형을 단위 정사각형 몇 개로 덮을 수 있는지 묻는 것과 같다. 예를 들면, 아래 그림의 직사각형은 단위 정사각형이 가로로 4개, 세로로 3개가 들어가야 빈틈없이 덮을 수 있다. 즉, 이 직사각형은 단위 정사각형 12개(4×3)로 덮을 수 있다.

이와 같이 직사각형의 넓이는 (가로의 단위 길이)×(세로의 단위 길이)로 생각하여 구할 수 있는 것이다.

(가로의 단위 길이 개수)×(세로의 단위 길이 개수)
(가로의 길이)×(세로의 길이)
4×3=12(단위 정사각형 12개의 넓이)

같은 이치로 직육면체의 부피 공식은 (밑면의 가로 길이)×(밑면의 세로 길이)×(높이)다. 이 또한 주어진 직육면체 안에 단위 정육면체가 몇 개 들어가는지 생각하는 것으로 구할 수 있다.

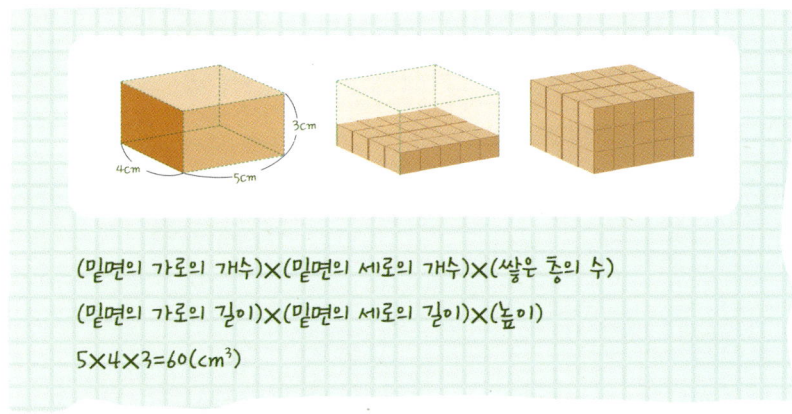

(밑면의 가로의 개수)×(밑면의 세로의 개수)×(쌓은 층의 수)
(밑면의 가로의 길이)×(밑면의 세로의 길이)×(높이)
5×4×3=60(cm³)

그림에서 1층에 있는 단위 정육면체들을 몇 층으로 쌓을 수 있는지 생각해보면 보다 쉽게 이해할 수 있다.

쌓기나무를 활용한 것은 아니지만 원의 넓이를 구하는 공식인 (반지름)×(반지름)×(원주율)도 교구나 도구를 사용하여 원리적으로 이해할 수 있다.

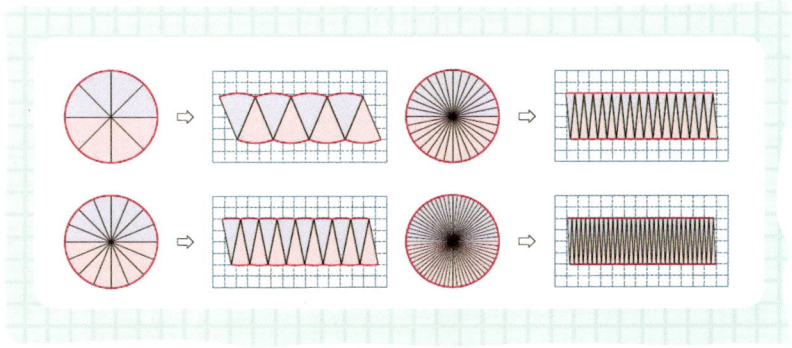

위의 그림에서 보면 원을 8등분을 하여 오른쪽에 4개씩 번갈아가면서 붙여놓는다. 그리고 다시 한 번씩 더 잘라서 같은 방법으로 엇갈려 놓는다. 이런 식으로 계속 잘라나가면서 엇갈려 붙이다 보면 붙여놓은 모양이 직사각형 모양에 가까워진다. 이 직사각형의 가로는 원주의 $\frac{1}{2}$과 같고, 세로의 길이는 원의 반지름 길이와 같다. 결국 원은 계속 자르다 보면, 직사각형 모양으로 만들 수 있으므로 원의 넓이를 구하는 대신 직사각형의 넓이를 구하면 된다. 즉, 직사각형의 넓이는 다음과 같이 생각할 수 있다.

(원주의 $\frac{1}{2}$)×(원의 반지름 길이)
((원의 지름 길이)×(원주율의 $\frac{1}{2}$))×(원의 반지름 길이)
((원의 반지름 길이)×2×(원주율의 $\frac{1}{2}$))×(원의 반지름 길이)
(원의 반지름 길이)×(원의 반지름 길이)×(원주율)

쌓기나무 활동을 아이가 어려워하면 보다 정교한 활동은 초등학교 고학년에 가서 하는 것이 좋다. 실제로 6학년 2학기에 '쌓기나무'라는 단원이 있어 쌓아놓은 쌓기나무의 개수를 알아보거나 쌓아놓은 것을 여러 방향에서 보고 어떤 모양인지 알아보는 활동을 하게 된다.

예를 들면, 그림과 같이 쌓기나무를 쌓아놓고 개수가 몇 개인지 묻는다. 일반적으로 쌓기나무의 개수가 많아질수록 난이도가 높아지고, 어떤 방향에서 보여주느냐에 따라서도 쌓기나무의 개수를 구하는 어려움의 정도가 달라진다.

그림에서 보듯 ①번처럼 많은 부분을 보여주는 경우와 ②번처럼 일부분이 보이지 않도록 문제를 제시하는 경우가 있기 때문이다.

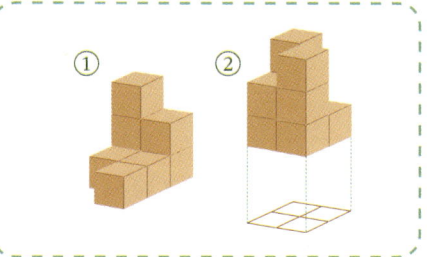

3) 만년달력(Magic Calendar)

Point 요일, 일, 월, 년에 대한 개념과 달력 이해하기
[초등 수학 2-2 시각과 시간 교과과정 연계]

만년달력은 어느 해의 어느 달이든 직접 만들 수 있는 달력으로 시간보다 더 큰 단위인 1일, 1주일, 1개월, 1년 등의 기간을 이해하도록 돕는다. 아이 스스로 직접 만든 달력을 보며 날짜를 세어보거나 기한을 측정하며 일정한 규칙을 발견할 수 있는데 이때 만년달력으로는 다음과 같은 활동이 도움된다.

활동 1월부터 12월까지의 달력 만들기

- 1년은 몇 개의 달로 이루어졌는가?
- 각 달은 며칠로 이루어졌는가?
- 일주일은 며칠인가?
- 달력에서 발견할 수 있는 규칙은 무엇인가?
- 7일 후, 14일 후 또는 21일 후의 요일은 어떻게 되는가? 어떤 규칙을 발견할 수 있는가?
- 어떤 날로부터 10일 후, 20일 후 또는 100일 후의 날짜는 어떠한가?

4) 양팔저울과 추(Balance and Weights)

Point 도구를 활용하여 측정하고 서로의 무게 비교하기
[초등 수학 3-2 들이와 무게 교과과정 연계]

길이에 대한 개념을 어느 정도 익힌 아이들은 무게에 대한 개념을 익히기 위해 양팔저울을 사용하면 좋다.

양팔저울에 추를 올려놓으면서 무게를 어림하고, 재어보고, 비교하는 과정에서 아이들은 자연스레 도구를 활용한 측정 방법을 이해하게 된다. 서로 다른 무게의 추를 여러 개 사용하여 다양한 상황에서 무게를 재어보는 다음과 같은 활동을 통해 측정의 원리와 무게에 대한 양감을 기를 수 있다.

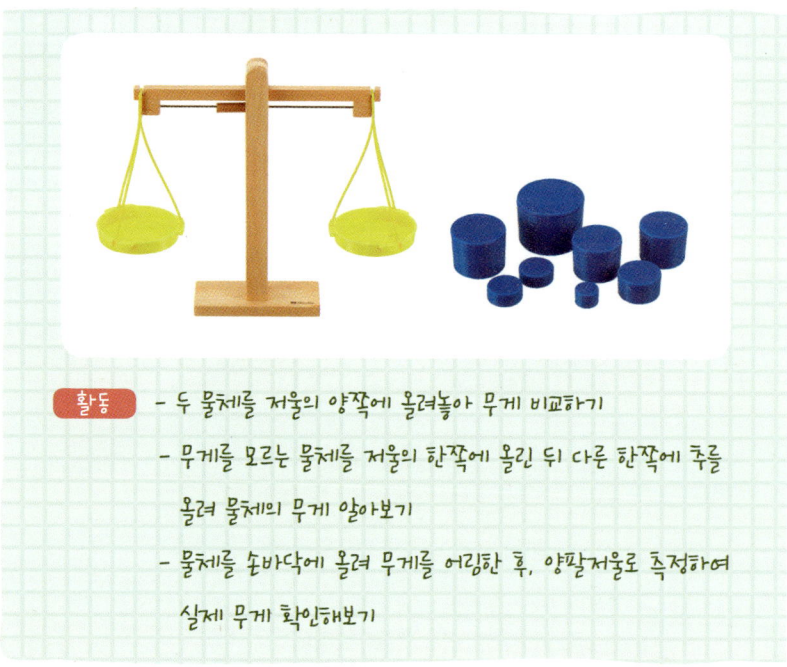

활동
- 두 물체를 저울의 양쪽에 올려놓아 무게 비교하기
- 무게를 모르는 물체를 저울의 한쪽에 올린 뒤 다른 한쪽에 추를 올려 물체의 무게 알아보기
- 물체를 손바닥에 올려 무게를 어림한 후, 양팔저울로 측정하여 실제 무게 확인해보기

영재 시험에 자주 나오는 다음과 같은 문제도 양팔저울을 사용하여 답을 찾을 수 있다.

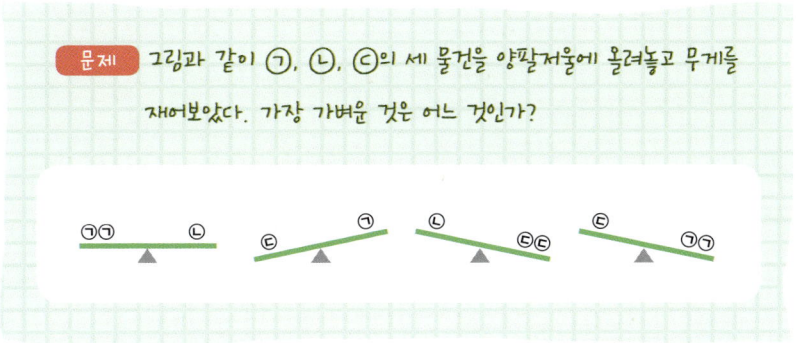

물론 이 문제의 경우 양팔저울이 반드시 필요한 것은 아니지만, 무게가 다른 추를 사용하여 양팔저울에 재어보면 보다 쉽게 문제를 풀 수 있다. 가장 먼저 두 번째 그림에서 ㉢은 ㉠보다 무겁고, 첫 번째와 네 번째 그림으로부터 ㉠+㉠=㉡이고 ㉠+㉠ > ㉢임을 알 수 있다. 따라서 ㉡은 ㉢보다 무겁다는 것을 알 수 있다. 무게는 ㉡ > ㉢ > ㉠ 순이 되며 ㉠이 가장 가벼운 물체임을 알 수 있다.

4
규칙성 영역

규칙성 찾기는 수학의 논리적 사고력을 기르는 중요한 활동이다. 복잡한 사물을 단순화시키거나 사물간의 법칙성을 발견할 수 있게 도와주기 때문이다. 규칙성 영역은 생활 속에서 일정하게 반복되는 현상이나 사물의 무늬와 같은 규칙적인 배열을 찾고, 스스로 규칙을 만들 수 있는 힘을 기르는 과정으로 우리가 수학을 공부하는 궁극적인 목적과도 매우 밀접하다. 어린 아이들부터 초등학교 영재 수준의 아이에 이르기까지 규칙성과 관련하여 교구를 가지고 해볼 수 있는 활동을 소개하면 다음과 같다.

순번	교구명	적정 연령(세)	활용 분야
1	옷걸이 세트	4 ~ 8	규칙성 찾고 만들기
2	패턴블록	8 ~ 13	공간 감각, 무늬 패턴
3	헌드보드	5 ~ 13	수 패턴
4	성냥개비	8 ~ 13	도형 패턴, 수 패턴

1) 옷걸이 세트(Hanger Sets)

Point 자신이 정한 규칙에 따라 물체나 수 배열하기
[초등 수학 1-2 규칙 찾기 교과과정 연계]

고리가 달린 걸이에 다양한 색깔의 티셔츠와 바지 모형을 일정한 규칙으로 걸면서 규칙성을 만들고 배우는 교구다. 마치 옷걸이에 옷을 거는 것처럼 자연스럽게 패턴을 만들어나가면 되는데, 이 때 모양과 색깔의 순서를 아이가 자유롭게 구성할 수 있다.

이와 유사한 방법으로 다양한 동물 모형을 규칙적으로 놓아가면서 규칙성을 이해시킬 수 있다. "다음과 같이 놓을 때, 마지막에 어떤 동물이 와야 할까?" 하고 묻거나 아이가 직접 여러 동물들을 자연스럽게 놓으면서 반복적인 패턴을 만들어보게 하는 것도 좋다.

또한 색깔과 모양이 다른 구슬이나 블록을 패턴별로 줄에 끼우거나 '젠가'와 '하노이 탑'처럼 일정한 블록을 순서대로 쌓는 활동 역시 규칙성을 만들고 발견해나가는 데 도움이 되는 활동이다.

- 규칙성 찾기에 유용한 젠가·하노이 탑 -

2) 패턴블록(Pattern Blocks)

 다양한 도형을 활용하여 무늬 패턴 만들기
[3-1 평면도형, 5-2 합동과대칭 교과과정 연계]

가장 널리 사용되는 교구인 패턴블록은 1960년대 미국의 초등과학연구회에서 개발한 교구로 6가지의 도형이 6개의 색깔별로 구성되어 있다. 만드는 회사마다 색깔과 도형의 구성이 조금씩 다르지만 보통 정삼각형, 정사각형, 평행사변형, 마름모, 사다리꼴, 정육각형 등의 도형들로 이루어져 있다.

여러 개의 블록을 가지고 다양한 패턴을 만들면서 창의성을 기를 수 있고, 규칙성을 배우며 조각들을 서로 맞붙이는 동안 공간지각 능력 또한 높아진다. 패턴블록은 초등학교에서 배우는 도형의 합동과 닮음, 수학의 추상적 사고를 시각화할 수 있다는 장점이 있다.

패턴블록을 사용하여 하나의 도형을 다른 조합과 구성으로 만들 수 있다. 예를 들면, 정육각형을 다음과 같은 여러 가지 방법으로 만들 수 있는데 이러한 활동은 아이들의 유연한 사고와 창의력을 이끌어낸다.

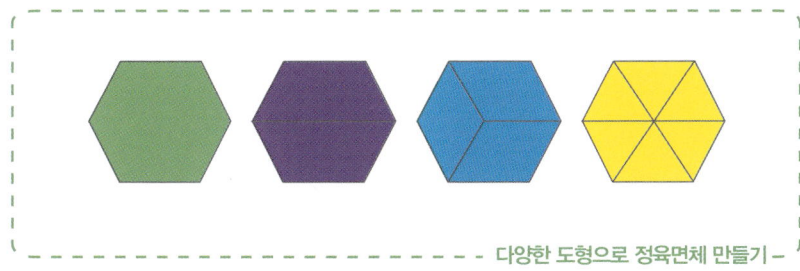

— 다양한 도형으로 정육면체 만들기 —

특히, 이러한 블록들을 가지고 일정한 패턴으로 바닥을 빈틈없이 덮는 것을 '테셀레이션'이라고 하는데 초등학교 수업에서 다룰 만큼 아이들의 두뇌 활동에 매우 좋다.

― 정교한 규칙으로 다양한 모양을 만든 테셀레이션 ―

이런 활동과 관련하여 네덜란드의 판화가 에스허르Escher는 끊임없는 반복 패턴을 빈틈없이 채워나가는 공간분할 방식으로 기발하고 세련된 작품을 만들어낸 것으로 유명하다.

― 패턴이 돋보이는 에스허르의 작품 ―

어린 시절 놀이 삼아 재미있게 만들어보던 다양한 패턴들이 토대가 되어 영감이 더해지고 발전하면서 우리 생활 곳곳에서 볼 수 있는 규칙적인 무늬, 더 나아가 예술 작품이 되는 것이다.

다양한 도형과 여러 가지 색깔이 어우러진 패턴블록을 이용하여 아이들과 함께 다양한 패턴을 만들어보고, 감각을 익히다 보면 재미는 물론 수학적이고도 유연한 사고에 한층 가까워질 것이다.

3) 헌드보드(Hund. Board)

Point 1~100까지 수의 패턴과 규칙성 이해하기
[초등 수학 1-2 100까지의 수, 2-2 규칙 찾기 교과과정 연계]

헌드보드는 1에서 100까지의 수를 판에 써놓고 다양한 수의 패턴과 규칙성을 공부할 수 있도록 돕는 교구다. 일반적으로 초등학교 학생들이 많이 사용하며 다음과 같은 활동들을 할 수 있다.

활동
- 1에서 100까지 칩을 순서대로 놓으면서 말로 수 읽기
- 두 명이서 번갈아가며 주사위를 던져 나온 눈의 수만큼 1부터 뛰어 세기를 하여 100까지 먼저 도착하는 사람이 승리하는 놀이
- 헌드보드 판에 있는 수에서 발견할 수 있는 규칙들 찾기

헌드보드를 이용한 뛰어 세기 놀이는 자연스레 덧셈과 곱셈의 원리를 이해할 수 있게 한다. 처음에는 주사위를 던져 나온 수를 일정한 간격으로 뛰어 세며 덧셈과 곱셈의 원리를 이해시키는 것이 좋고, 이후에는 주사위에서 나오는 수들을 계속 더해가며 뛰어 세기를 하면 더욱 재미있다. 아이의 수준이 높아지면 주사위를 두 개로 늘리는 것도 방법이다.

다음은 헌드보드 판에 있는 100까지의 수에서 발견할 수 있는 규칙들의 예다.

100까지의 수에서 발견할 수 있는 규칙들의 예

1	번갈아가면서 다른 색으로 수 써보기: **홀수와 짝수의 기초**	(1~100 수 배열표: 홀수/짝수 색 구분)
2	10의 자리 수가 같은 것끼리 같은 색으로 써보기: **십진법에서 자리 값의 이해**	(1~100 수 배열표: 10의 자리별 색 구분)

3	4씩 뛰어 세면서 같은 색으로 써보기: **배수의 이해**

4	여러 가지 규칙성 발견해보기: **창의력, 논리력 키우기**

➡ 대각선으로 1씩 증가하는 규칙 찾기

➡ 대각선 방향의 수들의 합이 같은 규칙 찾기

　헌드보드를 활용하여 1부터 100까지 수들의 규칙 찾기를 할 때는 어떤 규칙이든지 아이 스스로 발견할 수 있도록 충분한 시간과 기회를 주는 것이 좋다.

4) 성냥개비 (Matches)

Point 일정한 규칙의 도형 만들기와 수 패턴 이해하기
[초등 수학 2-2 규칙 찾기, 3-1 평면 도형 교과과정 연계]

간단하면서도 흥미 있는 퍼즐을 만들 수 있고, 규칙과 관련된 활동을 다양하게 할 수 있는 성냥개비는 좋은 교구다. 최근에는 성냥개비를 구하는 것이 쉽지 않으므로 비슷한 면봉이나 산가지, 뾰족한 이쑤시개의 끝을 안전하게 자른 뒤 사용하면 된다. 어린 아이들은 성냥개비로 스스로 패턴을 만들어가면서 필요한 성냥개비의 개수를 알아가는 기본적인 활동으로 시작하는 것이 좋다. 그 후 다음과 같은 활동으로 수준을 조금씩 높여보자.

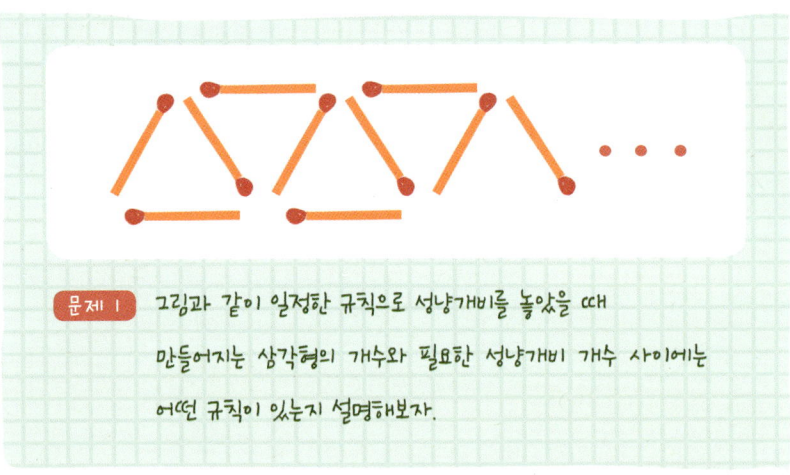

문제 1. 그림과 같이 일정한 규칙으로 성냥개비를 놓았을 때 만들어지는 삼각형의 개수와 필요한 성냥개비 개수 사이에는 어떤 규칙이 있는지 설명해보자.

이 문제를 해결하기 위해 다음과 같이 표를 그려서 생각하면 좀 더 쉽게 접근할 수 있다. 처음에는 아이가 시행착오를 거칠 수 있지만 반복적으로 활동하다 보면 스스로 규칙을 발견할 수 있을 것이다.

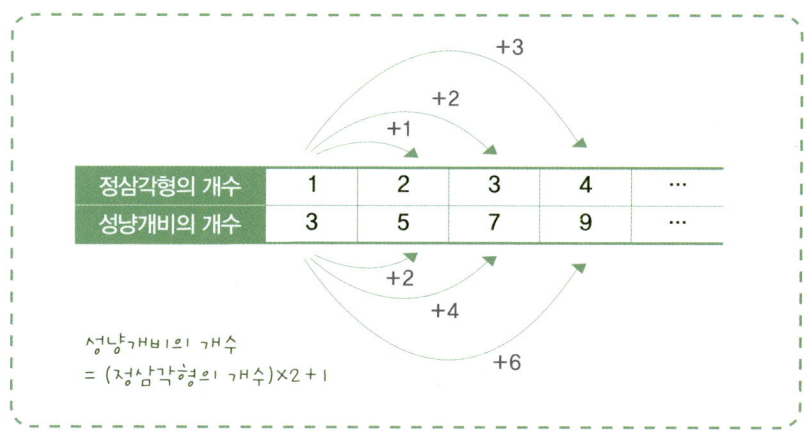

성냥개비를 가지고 영재 수준에서 풀 수 있는 문제를 풀어보는 것도 좋은 경험이 된다.

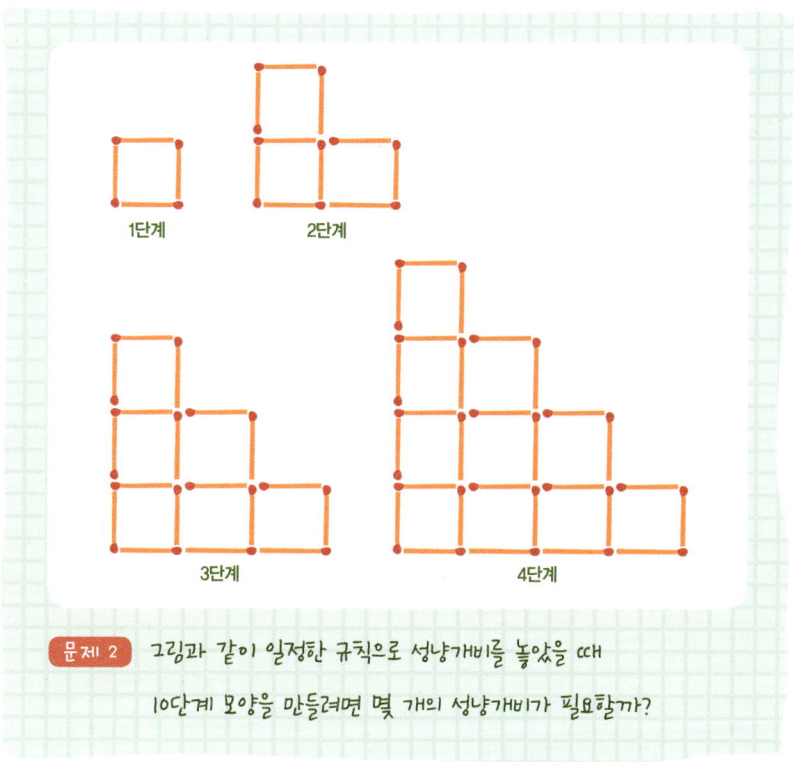

단계	1	2	3	4	...
필요한 성냥개비 개수	4	4 + 6 10	4 6 + 8 18	4 6 8 + 10 28	...

 이런 규칙성을 발견했다면, 10번째 모양을 만드는 데 필요한 성냥개비의 개수는 4+6+8+10+12+14+16+18+20+22=26×5=130이 됨을 알 수 있다. 이외에도 성냥개비를 활용하여 아이의 창의성을 높일 수 있는 다양한 방법들이 있으니 관련 책이나 인터넷 등의 자료를 참고하면 좋을 것이다.

 눈에 보이는 수학

내 주변에 숨어 있는 규칙성 찾기

패턴의 요점은 '반복'이다. 어떤 무늬나 숫자가 반복될 때 어디서부터 반복되고 어떻게 반복되는지를 찾아내는 것이 규칙성을 찾는 방법이다. 일상생활에서도 패턴은 자주 나온다. 하루에 해가 뜨고 지는 것도 반복되는 패턴 가운데 하나이다. 아이들이 흔히 하는 율동도 마찬가지다.

아이들과 함께 우리 주변에서 반복되는 규칙들을 찾아보자. 길을 건너면서 신호등의 불빛이 바뀌는 규칙을 살펴보거나 다양한 자연물이나 사람의 생김새에서도 규칙적인 반복 무늬로 아름다움을 느끼도록 한다는 사실을 아이와 함께 얘기해보자.

적색→녹색→황색→적색
[삼색 신호등]

적색→녹색 화살표·녹색→황색→적색
[사색 신호등]

* **피보나치 패턴**
각각의 숫자가 앞선 두 숫자의 합이 되는 피보나치 수열(1, 1, 2, 3, 5, 8, 13… 등)에 근거하는 패턴으로 꽃잎, 사람의 얼굴, 암모나이트 등에서도 발견된다. 흔히 말하는 황금 비율과 함께 사용된다.

5
자료와 가능성 영역

자료를 토대로 통계를 내거나 바로 알 수 없는 것들에 대한 전망과 예측을 확률적으로 계산하는 것과 관련된 수학의 영역을 말한다. 이러한 능력은 실생활은 물론 정치, 경제, 과학 등 우리 사회의 모든 분야에서 중요한 역할을 한다. 자료와 가능성 영역에서 활용할 수 있는 다양한 교구와 구체적인 여러 자료들은 보다 현실감 있게 자료의 특성이나 가능성의 문제를 의미 있게 생각해볼 수 있는 기회를 제공한다. 자료를 모아 분석하고 그것을 수나 표로 나타낼 수 있는 능력을 키우는 데 도움이 되는 교구들을 소개하면 다음과 같다.

순번	교구명	적정 연령(세)	활용 분야
1	곤충 모형	3~7	수 세기, 분류하기
2	M&M 초콜릿	8~13	수 세기, 분류하기
3	그래프보드	9~13	수 세기, 분류하기
4	확률과 연산 도구들	9~13	확률, 경우의 수, 연산

1) 곤충 모형(Bug Models)

Point 수 세기와 기준에 따라 분류하기
[초등 수학 2-1 분류하기 교과과정 연계]

곤충의 특징이 담긴 다양한 색깔 모형으로 어린 아이들이 흥미를 가지고 놀면서 자연스럽게 분류 활동을 할 수 있다. 같은 곤충끼리 모으기, 같은 색깔끼리 모으기, 날개가 있는 곤충끼리 모으기, 더듬이가 있는 곤충끼리 모으기 등 부모나 교사가 조건을 제시하고 아이가 이에 따라 분류한 뒤 개수를 세어보는 과정을 거친다. 곤충 모형이 아니더라도 다양한 특징이 있는 모형들을 여러 조건에 따라 분류한 뒤 가장 수가 많거나 가장 적은 것을 얘기해보는 것은 통계의 기초가 된다.

출처: 러닝리소스

2) M&M 초콜릿(M&M Chocolates)

Point 수 세기와 기준에 따른 분류, 통계의 기초 익히기
[초등 수학 2-1 분류하기, 3-2 자료의 정리,
5-2 자료의 표현 교과과정 연계]

시중에서 흔히 구할 수 있는 'M&M 초콜릿'은 동그란 모양에 여러 가지 색깔로 만들어져 있어 초콜릿을 좋아하는 아이나 어른들에게 인기가 많다. 이 초콜릿은 특별히 수학 공부를 하도록 만들어진 것은 아니지만 미국을 비롯한 여러 나라의 수학 시간에 많이 활용될 만큼 수학 교구로서 가치를 지니고 있다. 물론 우리나라에서 만든 '티피 초콜릿'도 가능한데 이는 개수가 적고 크기가 커서 조금 더 어린 아이들에게 활용하기 좋다. M&M 초콜릿이나 티피 초콜릿은 특히 통계 영역에서 자료를 정리하여 막대그래프나 원그래프로 나타내기 위한 기초적인 활동에 있어 도움이 된다.

출처: laptuoso.com

M&M 초콜릿으로 그래프 모양을 만든 다음 그래프로 옮긴 예

활동
- 가장 많이 들어 있는 초콜릿은 무슨 색인가?
- 가장 적게 들어 있는 초콜릿은 무슨 색인가?
- 모두 몇 개의 초콜릿이 들어 있는가?
- 가장 많은 초콜릿과 가장 적은 초콜릿 개수의 차는 얼마인가?

앞의 예시와 같이 M&M 초콜릿 한 봉지에 들어 있는 초콜릿의 개수를 각 색깔별로 빈 그래프용지 위에 직접 초콜릿을 올려놓으면서 확인할 수 있다. 그리고 이것을 토대로 그래프로 그려보면 그래프의 의미를 더욱 이해할 수 있다. 또한 그래프를 보면서 다양한 질문에 대해 생각하고 답을 찾는 과정을 통해 통계적 사고의 폭을 넓힐 수 있다.

초등학교 6학년 때 배우는 원그래프도 사전적인 활동으로 M&M 초콜릿이나 티피 초콜릿을 활용할 수 있다. 각 색깔별로 가운데 원을 중심으로 주변에 둥글게 초콜릿을 놓은 다음 차지하고 있는 모양대로 종이 위에 그리게 한다. 이를 통하여 원그래프의 의미를 쉽게 이해할 수 있고 다음과 같은 활동을 통해 수학적 사고를 이끌어낼 수 있다.

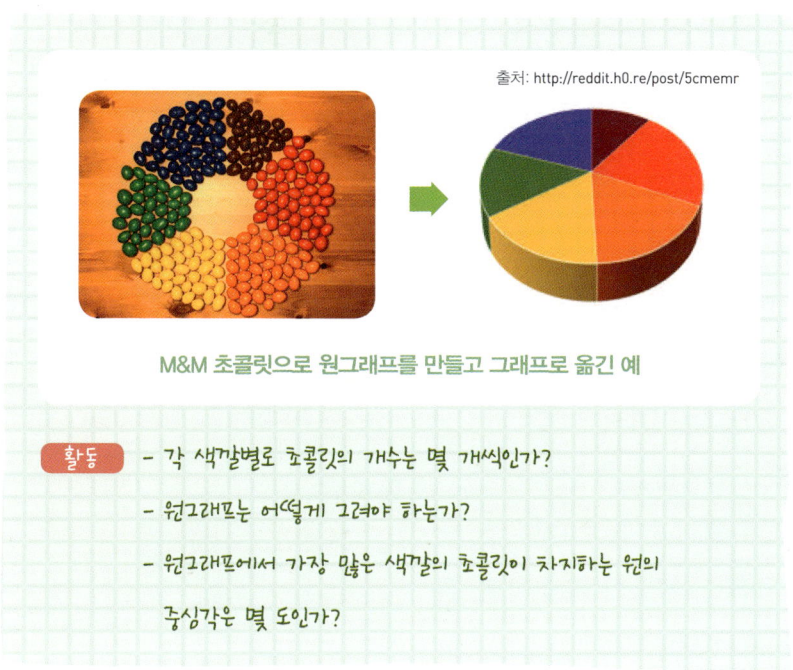

M&M 초콜릿으로 원그래프를 만들고 그래프로 옮긴 예

활동
- 각 색깔별로 초콜릿의 개수는 몇 개씩인가?
- 원그래프는 어떻게 그려야 하는가?
- 원그래프에서 가장 많은 색깔의 초콜릿이 차지하는 원의 중심각은 몇 도인가?

더 나아가 아이에게 왜 색깔별로 초콜릿의 개수가 다르게 들어 있는지 생각해보게 한 뒤, 전체 개수에서 각 색깔별로 들어 있는 초콜릿의 비율을 확인하고 마케팅 측면에서 가장 이상적인 색깔의 비율이 무엇인지 함께 얘기해볼 수도 있다.

이런 활동은 여러 가지 상품 안에 들어 있는 수학적인 아이디어들을 생각하게 하고, 실제 우리 주변에서 수학을 기반으로 다양한 마케팅 기법 사용되고 있음을 깨닫는 기회가 된다. 단순한 초콜릿으로도 이러한 창의융합적인 사고를 충분히 이끌어낼 수 있는 것이다.

3) 그래프보드(Graph Board)

> *Point* 그래프로 표현하기 및 막대그래프 이해하기
> [초등 수학 4-1 막대그래프, 5-2 자료의 표현 교과과정 연계]

홈이 있는 보드에 색깔이 다른 큐브를 끼워 올리면서 그래프를 만들 수 있는 그래프보드는 원하는 자료의 그래프를 수시로 만드는 것이 가능하고, 큐브를 올려놓은 모양이 바로 막대그래프가 된다는 장점이 있다.

자료를 그래프보드로 표현한 뒤에는 모눈종이나 방안지에 직접 막대그래프를 그려보는 활동이 함께 이루어지면 더욱 좋다.

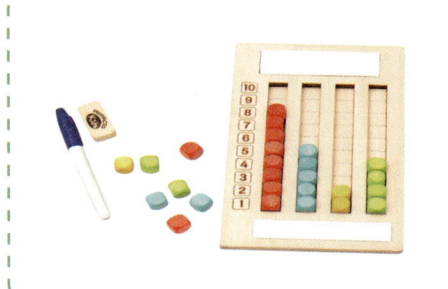

4) 확률과 연산 도구들 (Probability and Computation Sets)

Point 확률에 대한 이해와 추측, 연산 능력 키우기

[초등 수학 5-2 자료의 표현, 6-1 비와 비율 교과과정 연계]

주변에서 흔히 구할 수 있는 주사위들과 돌림판, 숫자큐브와 연산큐브, 수 세기 컬러 칩 등 간단한 교구들을 서로 결합하여 확률과 연산 학습을 도울 수 있다. 돌림판과 여러 개의 주사위들로는 확률과 경우의 수를, 숫자와 연산 기호가 적힌 큐브들은 수의 기초와 개념은 물론 연산과 암기 학습을 할 수 있다.

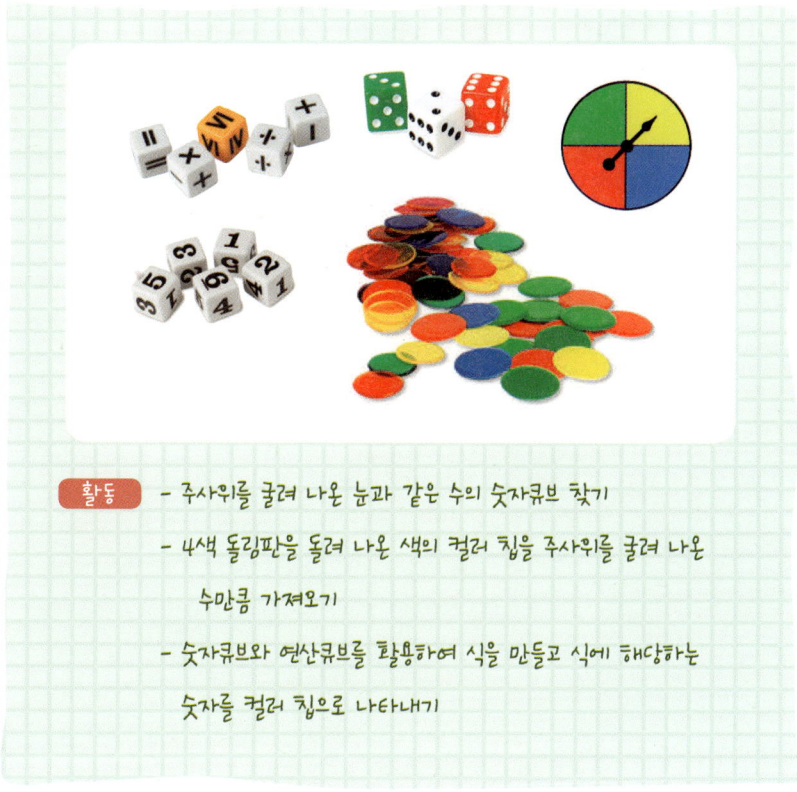

활동
- 주사위를 굴려 나온 눈과 같은 수의 숫자큐브 찾기
- 4색 돌림판을 돌려 나온 색의 컬러 칩을 주사위를 굴려 나온 수만큼 가져오기
- 숫자큐브와 연산큐브를 활용하여 식을 만들고 식에 해당하는 숫자를 컬러 칩으로 나타내기

PART
4

수학과 가장 쉽게 친해지는 법

MATHEMATICS

1
보드게임과 친구되기

"5살 아이와 함께 카드놀이를 하고 마지막에 늘 점수를 계산해주었는데, 얼마 지나지 않아 아이 스스로 카드를 세며 점수 계산을 할 수 있게 되었다. 게임을 통해 자연스럽게 셈하는 법을 익히게 된 아이는 이후에도 여러 가지 보드게임을 통해 수 개념을 익히고 다양한 추론까지 할 수 있게 되었다. 또한 보드게임을 하면 한 자리에서 놀라운 집중력을 보이며 자기 나름의 문제해결을 위한 전략을 구상하고 실행해나갔다. 6살, 7살이 되면서 보드게임의 난이도에 따라 아이의 연산, 추론, 암기 능력도 더욱 높아져갔다. 그저 아이와 함께 놀아준 것뿐인데, 보드게임의 효과는 기대 이상이었다."

아이와 보드게임을 하면서 교육적 효과를 톡톡히 경험했다는 한 학부모에게 들은 얘기다. 이와 같이 보드게임을 통해 아이의 수학 능력은 물론 집중력과 문제해결 능력을 경험한 부모들이 늘어나면서 학원이나 공부방에서 보드게임을 교육의 일환으로 삼아 수업에 활용하는 경우가 늘고 있다. 아이들과 보드게임을 하면 처음에는 승패에 집착하고 오로지 점수에만 관심을 갖지만 시간이 지날수록 그 안에서의 규칙이나 약속에 대해, 상호 작용에 대해 생각하게 된다. 보드게임은 게임을 하는 동안 자연스럽게 수학과 친해질 수 있고 의사소통 능력과 아이들 간의 사회성을 키우는 데도 매우 효과적이다.

즐겁게 놀다 보면 수학 실력이 쑥쑥, 보드게임

보드게임은 누구나 즐기면서 다양한 학습 능력을 재미있게 키울 수 있는 교구이자 놀이로 보드판을 이용하거나 카드, 도구를 사용하여 정해진 일정한 규칙에 따라 진행한다. 혼자 또는 여럿이 즐길 수 있고 게임 성격에 따라 다양한 수학적 사고가 요구된다.

일반적으로 보드게임을 아이들의 수학 공부나 학습에 활용하는 이유는 아이들로 하여금 집중력을 가지고 몰입하게 한다는 것이다. 여기에 상대편과의 경쟁을 통해 승부를 겨루게 하면 집중력은 더 높아지게 된다.

보드게임은 매우 단순한 퍼즐 형태부터 복잡한 시뮬레이션이나 전략 게임에 이르기까지 수많은 종류가 있다. 다양한 종류만큼 게임의 규칙도 다양한데, 언뜻 보기에는 수학적인 게임으로 보이지 않는 것들도 진행 방법이나 순서, 점수 계산하기 등등 대부분의 보드게임 규칙 속에 수학적인 요소가 들어 있다.

수학과 직접적으로 관련된 보드게임은 간단한 사칙연산을 활용하는 게임부터 특정한 수학적 내용을 자연스럽게 학습하도록 하기 위한 게임까지 여러 가지다. 일반적인 보드게임을 다룬 자료들은 쉽게 구할 수 있으므로 여기에서는 수학 능력 향상을 위해 개발된 매스티안 플레이팩토의 대표적 보드게임인 넘버 배틀을 예로 들어 수학 학습에 보드게임을 어떻게 활용하면 좋을지 구체적으로 살펴보자.

■ **넘버 배틀**(Number Battle)

어린 아이들이 즐겁게 놀이를 하면서 수에 대한 감각을 키울 수 있는 보드게임이다. 이 게임을 통해 숫자 칩을 놓는 위치에 따라 수의 크기가 달라지는 위치적 기수법의 개념과 수의 어림, 수의 크기 비교 등 수 감각을 익힐 수 있다. 또한 올바른 식을 완성하는 문제를 해결해나가는 활동을 통해 연산의 개념을 익히고 덧셈과 뺄셈, 곱셈과 나눗셈의 역연산 관계를 이해할 수 있다.

사용 연령	7세~13세
게임 인원	1~4인
준비물	활동판, 숫자 칩(0~9), 연산 칩
주요 활동	수의 크기 비교 / 10 만들기 / 목표 수 만들기 / 주어진 카드로 올바른 식 완성하기 등
기대되는 수학 능력 및 핵심 역량	추론, 문제해결, 어림, 집중력

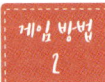
① 넘버 배틀 보드를 정중앙에 놓는다.
② 숫자 칩 3세트를 잘 섞은 다음 뒤집어서 쌓아놓고, 연산 칩은 앞면이 보이도록 한쪽에 펼쳐놓는다.
③ 각자 숫자 칩을 5개씩 가져가서 숫자가 보이지 않도록 넘버 배틀 보드의 홈에 꽂는다. 자신의 차례가 되면 가지고 있는 숫자 칩을 이용하여 한 개의 식을 만들고, 사용한 숫자 칩을 내려놓는다. 이때, 연산 칩은 개수에 관계없이 자유롭게 사용할 수 있다.
④ 한 사람이 숫자 칩을 모두 내려놓거나, 두 사람 모두 식을 만들 수 없는 경우, 또는 한 사람이 가진 숫자 칩이 8개가 넘으면 게임이 종료된다. 이때, 숫자 칩을 모두 내려놓았거나 숫자 칩의 개수가 적은 사람이 이긴다.

① 활동판을 하나씩 가진다.
② 상대방에게 보이지 않도록 각자 숫자 칩 5개와 연산 칩 1개를 이용하여 올바른 식을 만든 다음, 식을 기록해둔다.
③ 사용한 숫자 칩과 연산 칩을 모두 내어 상대방과 서로 바꾼다. 식

을 만들 수 없는 경우 쌓여 있는 숫자칩에서 1개를 가져가고, 기회는 다음 사람에게 넘어간다.

④ 상대방에게서 받은 6개의 칩을 이용하여 올바른 식을 만든다. 이때, 상대방이 처음에 만든 식과 다른 식을 완성하더라도 식이 올바르면 성공이다.

⑤ 먼저 올바른 식을 만든 사람이 이긴다. 이때 각자 기록해둔 식을 확인하여 처음에 올바르지 않은 식을 만든 사람은 게임에서 지게 된다.

수학 공부를 위해 보드게임을 활용할 때는 게임의 규칙이 가능한 단순한 것들이 좋다. 같은 보드게임이라도 나이와 수준에 맞게 난이도를 다양하게 조절하며 게임할 수 있기 때문이다. 그리고 한 번의 게임을 끝내는 시간이 가능한 짧으면 좋다. 이런 보드게임을 하면서 규칙성이나 패턴을 발견하게 하거나 게임 중에 부모가 간단한 스토리를 적용하여 아이의 상상력과 창의성을 높이는 것도 좋은 방법이다.

수학적 사고를 키울 수 있는 보드게임들	
아이 씨 10!	연산(10의 보수를 익히는 게임)
셈셈 피자가게, 로보77	연산, 암기
우봉고, 블로커스, 테트리스, 젬블로	도형, 공간, 전략
세트, 픽시 큐브, 큐비츠	패턴 인지
위닝 타워, 러시아워, 어메이즈	공간, 논리
루미큐브, 렉시오	수, 전략, 논리
부루마블, 호텔의 제왕, 모노폴리	경제, 전략
턴코트	공간, 논리, 암기
마라캐시	공간, 경제, 전략
등불축제	공간, 규칙, 논리, 연산

2
사고력 수학의 결정판 수학동화

보드게임과 더불어 동화책은 매우 좋은 수학 교구가 될 수 있다. 보드게임이 아이들의 호기심이나 긍정적인 경쟁심 속에서 수학적 원리를 스스로 깨치게 한다면, 수학동화는 재미있고 흥미로운 이야기 속에서 상황과 장면을 제시하고 그 안에서 자연스럽게 수학적 개념을 배울 수 있게 한다. 어린 아이에게 개념을 익히게 하거나, 아이에게 어떻게 수학을 가르쳐야 할지 어려워하는 부모들이 가장 손쉽게 찾는 것도 바로 수학동화다.

수학동화의 활용은 수학적 지식이 담긴 내용이나 스토리 자체를 읽는 활동을 포함하여 내용과 맥락 안에서 관련된 교구 활동을 병행하면서 생각하는 힘을 기르고 문제해결력을 키워나가는 방법이 있다. 이 두 가지 모두 책을 통해 습득한 수학적 지식들이 책의 그림이나 상황 등의 요소요소들과 연상 작용을 일으켜 아이들의 머릿속에 보다 오래 각인되는 효과가 있다.

교구와 함께하는
스토리텔링 수학

수학동화는 아이들이 어렵게 느끼는 수학을 어떻게 하면 보다 친근하고 쉽게 배우도록 할 수 있을까 고민하는 과정에서 탄생했다는 점에서 수학의 이해를 돕는 여느 교구들과 다르지 않다. 한때 초등학교 수학교과서가 스토리텔링 방식으로 되어 있다고 하여 논란이 된 적이 있다. 스토리텔링 수학이란 이야기 속에서 수학적인 개념을 이해하고 기능을 숙달할 수 있도록 하는 기법을 말하는데, 이야기의 맥락 안에서 수학을 공부하도록 한다는 점에서 바람직한 측면이 많다. 하지만 교과서라는 정해진 틀 안에서 스토리를 넣으려다 보니 흥미와 수학적인 요소를 적절하게 녹여 넣는 것에 어려움이 따랐다.

그러나 이런 제약이 없는 수학동화는 얼마든지 재미있는 상황 안에서 수학적 개념을 녹여낼 수 있다. 간단한 예로, 숲속의 다람쥐가 도토리를 7개 주워서 그중 3개를 땅속에 묻었다는 이야기를 재미있게 제시하면 아이들은 이야기 안에서 '7-3'을 이해하고 해결할 수 있다. 아이와 책을 읽은 후 전체 내용을 중심으로 이야기해보는 것도 좋고, 나아가 아이와 함께 이야기를 각색하거나 후속적인 이야기를 만든 뒤 질문을 통해 수학적 요소를 더 많이 이끌어낼 수도 있다.

앞서 언급했듯이 수학동화의 내용을 토대로 일반 수학 교구와 함께 아이의 이해를 돕는 방법도 있는데, 매스티안 플레이팩토의 도형 블록 사례를 예로 들어 수학동화를 활용한 수학 학습법을 제시해보고자 한다.

아이와 함께 교구를 활용할 때는 아래와 같은 순서로 진행한다.

[1단계] 자유롭게 활동하기 및 기본적인 기능 수행하기

[2단계] 워크북을 활용한 교구 활동하기

[3단계] 수학동화 활용하기

[4단계] 빅북 활용하기

1단계	자유롭게 활동하기 및 기본적인 기능 수행하기
준비물	도형블록 24개, 주사위 2개
구성	색깔(빨/파/노/초), 크기(크다/작다), 모양(○/△/□)에 따라 구분되는 도형블록으로 구성되어 있다.
방법	- 같은 색깔 블록 찾기 - 같은 모양 블록 찾기 - 크기와 모양이 같은 블록 모으기 - 분류표(매트릭스)의 조건에 맞는 도형 배열하기
포인트	수학에서 분류 활동은 중요한 부분이다. 도형블록을 색깔, 크기, 모양이라는 3가지 속성으로 분류하면서 도형의 성질이나 분류의 개념을 이해하도록 돕는다.

2단계	워크북을 활용한 교구 활동하기

순서	도입 ➜ 액티비티 ➜ 놀이 활동 구성
도입	스토리텔링 기법을 적용하여 창의융합적 사고 키우기
액티비티	구체적 활동을 통해 수학의 원리를 체득
놀이 활동	게임 활동을 통해 다양한 상황에서 전략적 사고를 하며 문제해결력 기르기
방법	- 색깔에 따라 분류하기 - 모양에 따라 분류하기 - 크기에 따라 분류하기 - 조건에 맞게 분류표 채우기 - try at Home 가족과 함께 놀이하기
포인트	워크북은 도입에서 간단한 스토리를 제시하고 액티비티에서는 구체적인 활동이 주어진다. 이를 실행하면서 수학적인 원리를 체득하고 놀이 활동을 통해 다양한 전략적 사고를 하면서 문제를 해결하도록 한다.

3단계	수학동화 활용하기

제목	《우리집에 킹콩이 살아요》
책 내용 요약	주인공의 집에 사는 킹콩은 물건을 부수고, 섞고, 엉망으로 만들어버립니다. 주인공은 킹콩 때문에 꽃을 색깔별로 심고, 신발을 크기별로 정리하며, 초콜릿을 같은 모양끼리 모읍니다.
독후 활동	책을 읽으며 물건을 어떻게 정리한 것인지 이야기를 나누어보자. 장난감 정리, 재활용품 분리수거, 양말과 속옷을 분류하는 활동을 해보는 것도 좋다. 그런데, 킹콩은 누구일까?
포인트	앞서 행한 교구 활동을 수학동화의 스토리 안에서 다시 한 번 떠올리게 한다. 예시의 경우 도형블록으로 분류 활동을 해본 뒤 동화 속에 나오는 상황들을 아이들이 흥미를 가지고 해결할 수 있도록 한다.

| 4단계 | 빅북 활용하기 |

놀이 활동	생활 속 이야기를 나누며 스토리보드에 도형 조각이나 모형들을 붙이고 떼어보는 과정을 통해 유아들의 수학적 의사소통 능력을 키우고, 수학 학습에 대한 흥미와 이해도를 높인다.
방법	– 색깔끼리 모여 사는 꽃밭 – 바닷속 모양 친구들 – 선물 가게 – 보물지도
포인트	마지막 활동으로 교사 또는 부모와 함께 큰 책이나 스토리보드에 도형 조각, 모형들을 붙여가면서 간단한 스토리에 맞추어 활동한다.

Step	책 제목		관련 교구	
1	커다란 호박이		숫자퍼즐	
	숲속음악회		크기퍼즐	
	빨간 크레파스 하나		팜 도미노	
	내 생일인데		집짓기 퍼즐	
2	손님이 북적북적		곰돌이 세트	
	콜록 에취 훌쩍		패턴연필	
	어부와 곰		도트칠판	
3	갑돌이 장가가는 날		텐텐보드	
	힘 약한 거인과 마법사		쌓기나무	
	명탐정 파파야		매직큐브	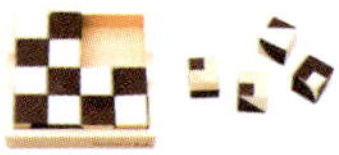

교구와 함께 활용할 수 있는 수학동화 리스트

자료: '플레이팩토 키즈, 명품꼬마 수학동화'

3
전자식 교구와 수학교육

공학의 발달로 이전에는 생각할 수 없었던 것들을 구현해내는 많은 전자식 프로그램들이 개발되어 보급되고 있다. 이런 프로그램들은 다양한 기능들을 탑재하여 아이들의 수학적 사고를 더욱 활발하게 자극하기도 한다. 교구는 학습을 도우는 목적으로 사용되는 도구라고 볼 때, 교육적으로 활용되는 전자식 프로그램 또한 넓은 범위 안에서 수학 교구라고 할 수 있다.

신개념 창의 교구, 모블로

지금의 유아나 초등학교 저학년 아이들이 성인이 되어 살아갈 세상은 우리가 상상할 수 없을 만큼 모든 면에서 지금과는 다른 면모를 보일 것이다. 세상이 어떻게 변하든지 부모와 교사들은 아이들이 미래에 마주하는 문제들을 효과적으로 해결할 수 있는 역량을 길러줄 필요가 있는데 그 가운데 하나가 '컴퓨팅 사고력'이다. 2006년 카네기 멜론대의 지넷 윙$_{Jeannette Wing}$ 교수가 처음으로 주장한 개념으로 자료수집, 자료분석, 자료표현, 문제분해, 추상화, 알고리즘과 절차, 자동화, 시뮬레이션, 동시에 일을 수행하는 병렬화 등의 요소들을 일컫는다.

앞으로의 교육은 고정화된 지식을 암기하는 식보다는 상황 속에서 문제를 효과적으로 해결하기 위해 '지식을 생산하는 식'으로 변해갈 것이다. 그것의 일환으로 우리나라도 2018년부터 초중고에서 절차적 사고를 기반으로 문제를 해결하기 위한 '코딩교육'이 의무화된다. 따라서 초등학교에서도 코딩을 지도하기 위한 방안에 대해 많은 고민을 하고 있다.

그동안 코딩교육은 직접 컴퓨터 프로그램 언어를 사용하여 가르치는 것이 대부분이었기 때문에 코딩을 어렵게 생각하는 학생들이 많았다. 하지만 코딩교육의 필요성이 대두되면서 다양한 형태의 전자 교구들이 개발되었고 이것을 활용하려는 움직임이 커지고 있다. 그중 하나가 유치원생이나 초등학생들이 놀이하듯 자연스럽게 기초적인 코딩을 배울 수 있고 교육적으로 다양하게 활용이 가능한 전자블록 '모블로'다.

모블로는 모바일과 블록을 합친 모바일 블록$_{Mobile Block}$의 줄임말로 전자보드판에 스마트 기능을 더한 전자블록을 조작하면서 다양한 콘텐츠를 구현하도록 만든 새로운 개념의 코딩 교구다(모션블루, 2016).

5×5, 7×7, 9×9 크기로 된 3종류의 전자보드판과 각각의 특수 기

능이 내장된 여러 가지 전자블록으로 구성되어 있는데 거의 모든 과목의 학습에 접목할 수 있을 만큼 확장성이 강한 것이 특징이다. 태블릿 PC와 스마트폰 등에 연결하여 다양한 콘텐츠를 이용할 수 있고, 아날로그 블록을 전자보드에 꽂으면 해당 모양이 디지털 기기 화면에 3D로 나타나 아이들의 상상력과 창의력, 공간지각력 등의 두뇌 발달을 돕는다. 태블릿 PC의 블록을 터치하면, 아날로그 블록에 불이 들어오고 캐릭터를 움직이며 모터블록을 작동시킬 수도 있다.

최근에는 수학과 관련된 앱뿐만 아니라 다른 교과와 관련된 앱이 다양하게 개발되어 모블로의 활용 범위는 더욱 넓어지고 있다. 물론 아직은 초기 단계이고 전자 교구를 개인적으로 구입하여 사용하기에는 부담스러운 측면이 많다. 하지만 차세대 교구로 활용이 가능한 전자식 교구에도 관심을 갖고 바뀌어가는 교육 흐름에 대비하는 자세가 필요하다.

출처: 모션블루

− 전자식 교구인 모블로의 구성 요소 −

전자식 교구의
장단점과 미래

전자식 교구의 가장 큰 장점은 다양한 콘텐츠로 아이들의 재미와 흥미를 끌기에 매우 유용하다는 것이다. 앞으로는 더 많은 응용프로그램들이 개발될 것이고 그 활용도는 매우 높을 것으로 예상된다. 우리가 흔히 사용하는 일반적인 아날로그 교구와 전자식 교구를 비교해보면 다음과 같다.

	아날로그 교구	전자식 교구
장점	· 직접 만질 수 있어 초기에 놀이처럼 쉽게 접근할 수 있다. · 손으로 촉감을 느끼면서 협응 능력을 기를 수 있다. · 자체적으로 만들어 사용 가능할 수도 있다. · 유지 및 관리 비용이 적다.	· 공간적, 현실적인 제약이 없어 다양한 기능을 구현할 수 있다. · 프로그램의 개발에 따라 기능의 무한한 확장이 가능하다. · 스토리텔링 등과 결합하여 타 교과와의 통합을 자연스럽게 구현할 수 있다.
단점	· 구현할 수 있는 기능이 제한적이다. · 교구의 일부분을 분실할 가능성이 있다. · 일정 공간을 차지하여 보관 시 제약이 따른다.	· 초기에 프로그램을 익히는 노력과 익숙해지기까지의 시간이 필요하다. · 노트북, 컴퓨터, 태블릿 PC 등 기기의 구매 비용이 든다. · 경우에 따라 별도의 프로그램을 구입하는 추가 비용이 든다.

전자식 교구는 상상 속에서만 떠올리던 생각들을 실제로 구현할 수 있다는 것이 매력적인데 '이렇게 만들면 수학 공부에 도움이 되겠다' '수학을 공부하면서 이런 점이 어려운데 도움을 주는 프로그램이 있

으면 좋겠다'고 생각하면 그런 아이디어를 살려서 프로그램을 만들 수 있는 것이다. 다른 교과보다도 수학 교육에서 컴퓨터 게임 등과 같은 전자식 교구의 발달 가능성은 무궁무진하다. 지금까지의 전자식 교구는 플래시 게임이나 어플리케이션 위주였으나 온오프라인의 장점을 모두 살린 전자식 교구들이 계속 개발되고 있어 다양한 시도들이 이루어지고, 보다 효과적인 교육 방안이 새롭게 마련될 가능성이 크다. 문제는 수학 교육의 의미에서 어떻게 프로그램을 만들어야 할지 고민하는 것이다.

머지않아 전자 교구를 활용하는 학생들의 학습 과정과 그 안에서 범하는 실수나 오류 등을 자동으로 분석하여 학생별로 적합한 맞춤식 수학 교육을 제공하게 될 것이다. 전자식 교구에 대해 보다 많은 정보를 얻고 싶거나 직접 체험해보려면 교구 박람회나 체험전 등을 활용하면 된다.

이와 같이 교구의 범위는 넓고 개발 속도 또한 무척 빠르다. 부모로서 시대의 흐름에 뒤처지지 않는 것도 중요하지만 다양한 교구들 가운데 내 아이에게 가장 적합한 교구를 선택하여 잘 활용하는 것이 먼저다. 아무리 좋은 교구들을 많이 가지고 있다 한들 아이의 성향과 맞지 않는다면 아무런 소용이 없다. 구슬이 서 말이어도 꿰어야 보배라고 하지 않던가.

4
이런 교구가 좋은 교구다

시중에는 다양한 수학 교구들이 나와 있다. 교구를 개발할 때는 특정한 수학적 목적과 기능을 학습하도록 체계적인 프로그램 구성에 신경을 쓰고 있지만 교구 회사마다 그 기준이 다르고 종류도 너무 많아 어떤 교구를 선택해야 할지 부모 입장에서는 어려운 것이 사실이다. 요즘은 교구 회사에서 활용 매뉴얼을 기본으로 제공하고 있지만 교구를 구입하기 전에는 볼 수 없는 경우가 대부분이고, 매뉴얼이 있다고 해도 활용법을 세세히 파악하는 용도라기 보다는 그때그때 교구의 간단한 사용법이나 팁 정도를 참고하는 정도에 그치는 경우가 많을 것이다.

교구의 선택이나 활용에 어려움을 느끼는 부모들은 교구에 대한 정보가 충분치 않은 상태에서 교구를 구입하기 보다는 주변의 친숙한 물건들을 교구로 삼다가 아이에게 좀 더 기능면에서 활용성이 높고 체계적인 교구의 필요성이 느껴질 때 조금씩 교구의 가짓수를 늘려가는 것도 방법이다.

주변의 사물들은
가장 좋은 수학적 재료

유아기나 초등학교 저학년 때의 수학교육은 하루하루 생활 속에서 자연스럽게 주변 상황과 어우러져 이루어지는 것이 바람직하다. 가정에서 부모들이 아이들과 마주하는 대부분의 상황은 굳이 의도적으로 만들지 않아도 초보적인 수학과 관련이 있다. 이때 주변에서 흔히 볼 수 있는 물건들을 활용하여 아이들의 수학 교구로 삼으면 그 어떤 교구보다도 아이들이 친숙함을 느껴 그 물건을 사용했던 경험들을 수학적 사실과 연계했을 때 보다 쉽고 빠르게 이해할 수 있다.

아이들과 수학적인 주제를 가지고 대화할 경우 중요한 것은 부모의 풍부한 수학적 지식이 아닌 아이들과의 소통과 어울림, 지속적인 관심이다.

가정에서 손쉽게 아이들과 주변 사물을 교구로 활용하여 수학 활동을 할 수 있는 아홉 가지의 예를 소개하면 다음과 같다.

1) 주변에 있는 사물들을 속성에 따라 구분하거나 묶어본다

이러한 활동은 나중에 속성에 따른 분류, 부분과 전체의 개념을 갖는 수학의 집합을 이해하는 기본이 된다. 세탁 후에 아이에게 양말이나 옷을 모양이나 색깔별로 분류하게 하거나 아이의 전체 양말들 가운데 무늬가 없는 양말들은 아이 양말의 한 부분임을 말로 표현하도록 한다. 이런 관계를 그림으로 나타내보는 것도 부분과 전체의 개념을 명확하게 이해하는 방법이 될 수 있다.

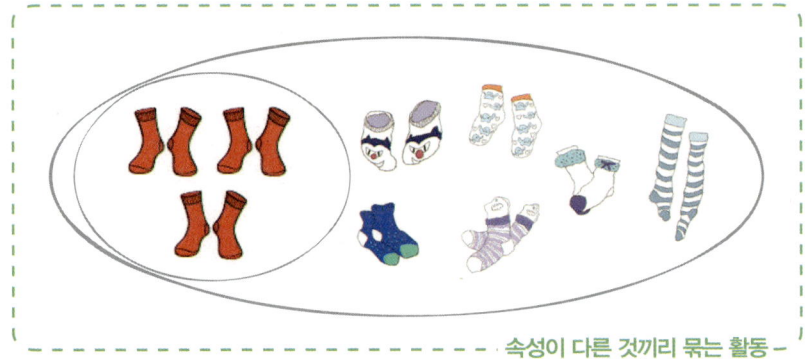

— 속성이 다른 것끼리 묶는 활동 —

2) 자연스런 놀이 상황에서 구체물의 개수를 셀 기회를 제공한다

수의 개념을 익히는 활동은 대부분 수 세기로 시작되는데, 이러한 활동 역시 생활 속에서 이루어지는 것이 좋다. 1에서 10까지 세어보게 한 뒤, 그 이후에는 자연스럽게 수를 세는 말의 규칙을 발견하여 그것에 익숙해지도록 한다. 예를 들면, 장난감의 개수를 자연스럽게 세면서 장난감과 수를 일대일 대응시키도록 하거나 징검다리를 건너면서 걸음 수와 징검돌의 수를 대응하여 생각해보게 할 수 있다. 이런 활동은 물건의 개수와 수를 연계하는 것의 기초가 된다.

3) 일상생활 속에서 사용하는 명명수에 대해 이야기한다

수에는 크기를 나타내는 것과 크기와는 상관없이 고유한 이름을 나타내는 명명수가 있다. 수는 일반적으로 크기를 나타내지만 숫자로 부르는 휴대전화 번호, 자동차 번호판, 주소의 번지수, 엘리베이터 층수, 축구선수들의 등 번호, 텔레비전의 채널 등 숫자가 이름을 대신하여 쓰는 이러한 경우를 명명수라고 한다. 생활 속에서 자연스럽게 접하는 수들을 가지고 그 수가 무엇을 의미하는지 아이들과 함께 대화를 나누어보는 것은 수와 친해질 수 있는 가장 좋은 방법이다.

4) 다양한 상황에서 크기, 길이, 무게 등에 따라 사물을 비교하여 순서를 짓도록 한다

아이와 함께 자동차를 타고 외출했을 때 창밖을 바라보며 길에 다니는 차를 크기가 큰 순서대로 "승용차 〈 미니트럭 〈 버스 〈 소방차"라고 말해보도록 하는 것도 수학의 기초를 다지는 밑거름이 된다. 혹은 가족 중에 키가 작은 사람 순서대로 "나 〉 누나 〉 엄마 〉 아빠"라고 나열해보는 것도 좋다. 그리고 가벼운 신문지와 무거운 책을 들어본 경험을 비교하여 크기(부피)가 크다고 하여 반드시 더 무거운 것은 아니라는 것을 자연스럽게 알게 할 수도 있다. 두 가지 이상의 물건들 가운데 '~보다 더 큰' '~보다 가벼운' '가장 긴'과 같은 용어를 사용하여 표현해봄으로써 측정의 기초적인 개념을 배울 수 있다.

5) 임의단위로 측정하는 활동을 함께한다

일상생활 속에서 자연스럽게 임의단위인 손 뼘이나 걸음으로 재어보는 활동을 하는 것도 수학 공부에 도움이 된다. 책상의 길이를 아이와 함께 손 뼘으로 몇 번이 되는지 재어본 뒤, 아이와 어른이 잰 횟수가 서로 다른 이유를 이야기해보는 것도 좋다. 놀이터에서 미끄럼틀과 철봉 사이의 거리가 몇 걸음 되는지 놀이처럼 재어보거나 집안에서 식탁의 길이를 연필이나 나무젓가락 등으로 재어보고 "식탁과 책상 중 어느 것이 더 길까?"와 같은 질문을 던져보자. 아이들이 도구를 활용하여 식탁과 책상의 길이를 재어본 뒤 서로 비교할 수 있도록 하는데,

이때 중요한 것은 재어보기 전에 미리 생각으로 어림하여 어느 것이 더 긴지 말해보도록 하는 것이다. 어림은 길이에 대한 감각을 길러주는 데 있어 매우 유용하다.

6) 사건에 대한 순서, 시간에 대한 감각을 익히도록 한다

아이들에게 하루의 일과를 물어볼 때 아침, 점심, 저녁 혹은 시간의 순서대로 이야기해줄 것을 부탁하는 것은 아이로 하여금 사건의 순서를 파악하도록 하는 연습이 된다. 시계를 보면서 "9시네" "2시네"와 같이 아이에게 현재 시각에 대해 자주 말을 하면 자연스럽게 시간에 대한 감각을 키울 수 있다. 시계 읽는 법을 가르쳐주기 위해 아날로그 시계를 고집할 필요는 없다. 시계바늘을 읽을 줄 아는 것보다 시간 감각을 익히는 것이 아이들에게는 더 필요하기 때문에 숫자가 표시된 디지털 시계가 시각을 읽기에는 더 편할 수 있다.

분초 단위의 시각 읽기는 초등학교에 들어가면 배우지만 일상생활 속에서 자연스럽게 시간과 관련한 대화를 하거나 시각에 대한 용어를 자주 사용하다보면 더욱 익숙해질 것이다. 예를 들어, "10시 반이네" "2시 10분 전이네" "오후 4시가 넘었네" 등 상황에 따라 시각과 관련된 용어를 사용하여 아이와 대화를 나눠보자.

7) 모양이나 공간, 방향 등을 나타내는 말을 표현하도록 한다

생활 속 다양한 물건들의 속성을 말로 표현하는 것도 아이들의 수학적 사고를 키우는 데 도움이 된다. 예를 들면 "가위 끝은 뾰족한데 엄마의 화장품 뚜껑은 동그랗네" "종이는 얇은데 아빠의 가죽 옷은 두

껍구나" 등등 공간에 대해서도 여러 가지로 표현해볼 수 있다. "이 방은 거실보다 좁다" "운동장은 교실보다 넓다" "이 골목은 꾸불꾸불한데, 저 도로는 곧게 뻗어 있다" 등등 방향을 나타내는 말로도 표현할 수 있다. "엄마 왼쪽(오른쪽, 앞, 뒤)에 의자가 있네" "양말은 가장 아래(위) 서랍 속에 있어" 등등 상황에 따른 부모의 말을 이해하면서 아이는 수학적 개념을 자연스럽게 익히게 되고 아이 스스로도 비슷한 표현을 사용할 줄 알게 된다.

8) 규칙성을 찾아 표현하는 활동을 한다

일상생활 속에서도 여러 가지 규칙성을 발견할 수 있는데 예를 들면, 다음과 같은 일들에 대하여 아이와 함께 자연스럽게 이야기해볼 수 있다. "매 하루는 아침-점심-저녁이 반복된단다." "일 년마다 봄-여름-가을-겨울이 반복돼." "신호등은 노란불-빨간불-초록불이 반복되어 켜지지." 또는 동물 인형을 한 줄로 늘어놓으면서 "곰-호랑이-여우-곰-호랑이-여우-곰 다음에는 어떤 인형이 오게 될까?"와 같이 물어볼 수 있다. 모양과는 상관없이 장난감들을 색깔별로 놓으면서 "노랑-파랑-빨강-노랑-파랑-빨강-노랑 다음에는 어떤 장난감이 와야 할까?" 하고 물어볼 수 있다. 다양한 장면에서 아이가 규칙성을 찾아 표현하도록 습관을 길러주는 것이 좋다.

9) 생활 속의 친숙한 자료들을 그림이나 표로 나타내는 활동을 한다

신문이나 잡지에 나오는 여러 가지 그래프나 그림, 표 등은 좋은 이야기 자료가 된다. 특히 신문에는 막대그래프와 꺾은선그래프 등이 많이 나온다. 이런 자료를 보고 아이와 무엇을 나타내는 것인지 함께 이야기해보자. 시간의 변화에 따른 추이를 나타내는 꺾은선그래프는 초등학교 4학년 때 본격적으로 배우지만 신문을 보며 가볍게 "전기자동차의 가격이 어떻게 변하고 있지?"라고 물어보며 아이의 반응을 이끌어낼 수 있다. 요즘 신문이나 잡지에서는 그림그래프의 한 형태로 수치를 효과적으로 나타내기 위한 인포그래픽이 많이 나오는데 이러한 자료도 주제나 통계적 사실에 대해 이야기해볼 수 있다. 신문이나 잡지는 수학에 관한 것뿐만 아니라 여러 교과에 대한 전반적인 지식을 자연스럽게 연계하여 생각할 수 있는 기회를 제공해주므로 좋은 교구가 될 수 있다.

반짝반짝 동전,
빛나는 수학적 아이디어

아이들이 집안에서 흔히 접할 수 있는 수저, 컵, 동전, 시계, 달력, 화장품 용기 등 여러 가지 사물들은 어떻게 활용하느냐에 따라 좋은 수학 교구가 될 수 있다. 특히 돈은 아이들에게 있어 수와 연산 개념을 익힐 수 있는 훌륭한 교구가 될 수 있는데, 특히 동전은 흔들면 소리가 나고 모두 원 모양이지만 크기에 따라 금액이 다르므로 다양한 수학적 아이디어를 생각해보게 할 수 있다.

먼저 동전에 얇은 종이를 올려 연필로 쓱쓱 문질러서 본뜨는 프로타주 활동으로 동전의 무늬나 숫자에 익숙해지도록 하자. 그 후 100원짜리 하나는 10원짜리 10개, 50원짜리 2개와 같다는 개념을 일러주면서, 500원짜리는 100원짜리가 몇 개 있어야 하는지, 50원짜리는 몇 개가 있어야 하는지 등을 아이에게 물어보며 생각할 수 있게 한다.

또한 500원짜리 1개, 100원짜리 2개, 50원짜리 1개가 손바닥에 있는 것을 보여 주고 손안에서 움직이다가 한쪽 손바닥에 100원짜리 1개, 50원짜리 1개가 있는 것을 보여 주고 다른 쪽 손 안에는 어떤 동전들이 있는지, 더 나아가 얼마가 있는지 알아맞히는 놀이를 하면서 수와 연산의 개념을 익힐 수 있다.

아이와 함께
만드는 교구

16세 아들을 서울과학고를 거쳐 서울대학교 컴퓨터공학부에 입학시킨 고윤희 씨는 아이가 어렸을 때 수학 교구를 직접 만들어 교육했다. 아이가 0~7세의 어린 시기에 엄마가 공부할 수 있는 환경을 만들어주는 것이 중요하다고 말하는 그는 아이가 세 살 됐을 무렵 수학동화책을 직접 만들어서 자연스럽게 더하기 개념을 배울 수 있도록 했다. 예를 들어 "펭귄 두 마리가 놀고 있어요. 그런데 옆 마을에서 펭귄 세 마리가 놀러왔네요" 하는 식이었다. 그는 특별한 사교육 없이 교구를 직접 만들어주는 것으로 아이의 수학 공부를 도왔다(조선일보, 2016).

아이의 수학 교구를 부모가 직접 만들어주는 것은 매우 의미가 있다. 부모가 직접 만들어준 교구를 활용하여 아이가 새로운 지식을 습득할 경우 거부감이 적고 놀이 개념으로 받아들이기 때문에 효과가 높을 수밖에 없다. 아이와 함께 교구를 만들면 더욱 좋은데 이때 아이는 부모에게 잘 보이고 싶은 심리 때문에 보다 적극적으로 참여하게 되고, 만드는 과정에서 느낀 흥미와 재미가 교구를 활용하는 놀이와 학습으로까지 이어진다. 따라서 아이와 함께 수학적 의미가 있는 만들기 활동을 자주하는 것이 좋다. 그렇다고 부모로서 너무 부담을 가질 필요는 없고 주어진 여건 안에서 할 수 있는 것부터 해나가면 된다.

집에서 아이와 함께 만들어볼 수 있는 교구와 활동들을 몇 가지 소개하면 다음과 같다.

1) 종이딱지를 만들면서 도형의 대칭, 부피, 무게, 넓이 배우기

부모들이 어릴 때 많이 했던 종이딱지 만들기나 딱지치기와 같은 단순한 놀이 속에서도 다양한 수학적 요소들을 찾을 수 있다. 딱지치기는 상대방의 딱지를 바닥에 놓고 자신의 딱지로 쳐서 뒤집거나 금 밖으로 나가게 하면 자신의 것이 되는 놀이다. 이 딱지치기의 묘미는 종이딱지를 만드는 것에서부터 시작하는데, 크기와 두께별로 혹은 자신의 개성에 맞게 만들 수 있다. 종이딱지는 만드는 방법이 다양하지만 결과적으로는 같은 모양이 되기 때문에 수학적으로도 많은 생각을 이끌어낼 수 있다. 아이와 함께 여러 가지 방법으로 딱지를 만들어보면서 서로 다른 방법으로도 같은 모양의 딱지를 접을 수 있음을 알게 한다.

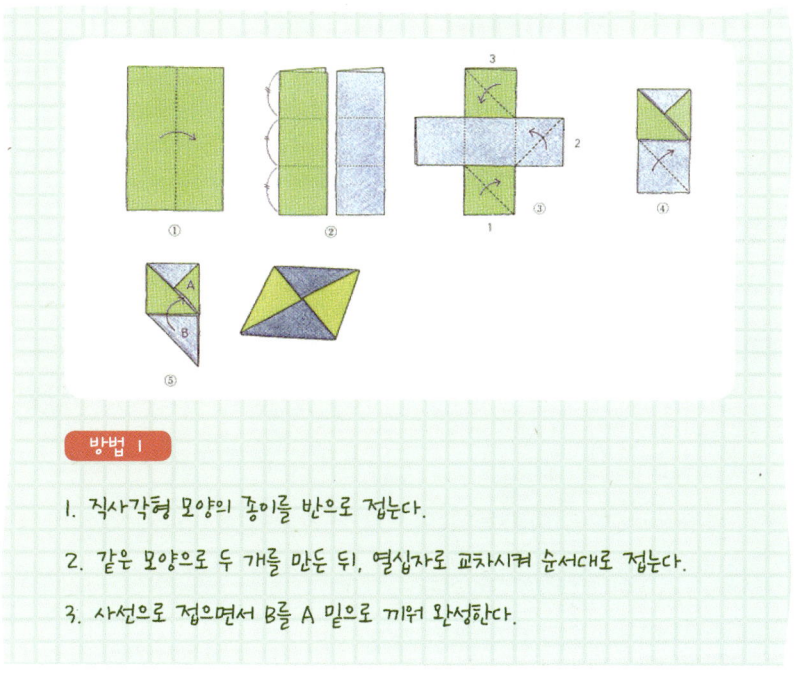

방법 1

1. 직사각형 모양의 종이를 반으로 접는다.
2. 같은 모양으로 두 개를 만든 뒤, 열십자로 교차시켜 순서대로 접는다.
3. 사선으로 접으면서 B를 A 밑으로 끼워 완성한다.

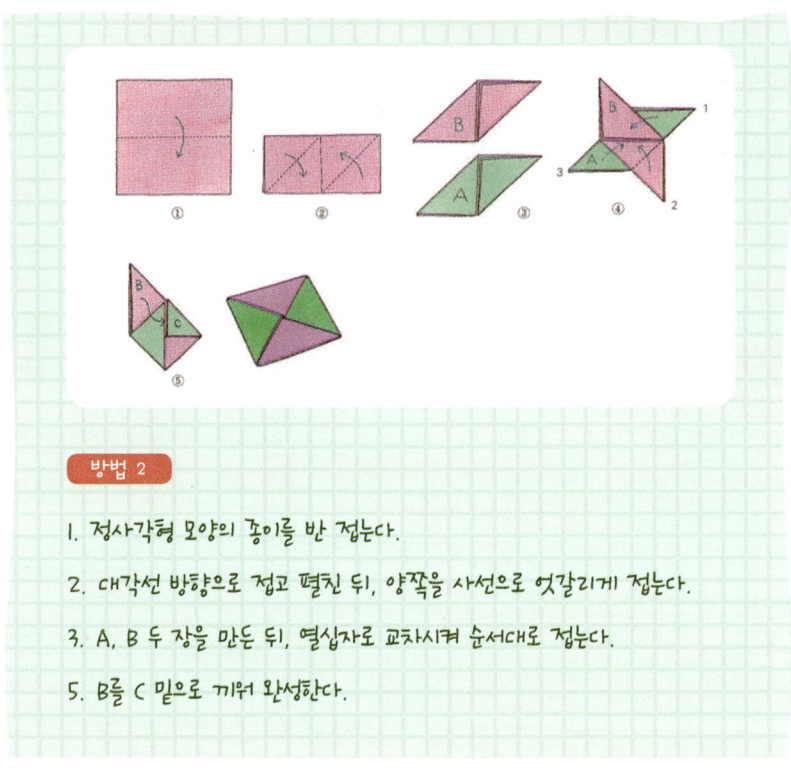

방법 2

1. 정사각형 모양의 종이를 반 접는다.
2. 대각선 방향으로 접고 펼친 뒤, 양쪽을 사선으로 엇갈리게 접는다.
3. A, B 두 장을 만든 뒤, 열십자로 교차시켜 순서대로 접는다.
5. B를 C 밑으로 끼워 완성한다.

 종이딱지를 만드는 과정에서 아이들은 사각형과 삼각형 등의 도형 모양을 관찰할 수 있다. 종이를 계속 접어나갈 때마다 도형이 모이거나 나누어지면서 새로운 도형이 나온다는 사실도 깨닫게 된다. 여러 개의 딱지를 크기별로 만들어서 바닥에 늘어놓거나 세로로 쌓아보면서 부피와 무게, 넓이 등을 비교하여 측정 개념을 발달시킬 수도 있다.

 또한 딱지치기를 할때 상대방의 딱지를 뒤집어 획득하기 위해서는 어느 방향으로 또 얼마만큼의 힘으로 내리쳐야 유리한지 신체적, 감각적인 활동을 해나가면서 자연스럽게 방향과 무게 중심의 개념을 익힐 수 있다.

2) 연을 만들고 날리면서 대칭과 무게 균형 배우기

연 만들기는 수학의 원리를 체득할 수 있는 좋은 기회가 된다. 보통 어린 아이들 혼자 연을 만드는 것은 쉽지 않으므로 부모의 도움이 필요하다. 연을 만드는 과정에서 아이들은 자연스레 대칭과 균형의 원리를 배울 수 있는데, 연을 얼마나 대칭적으로 균형 잡히게 만드느냐에 따라 바람을 타고 잘 날아오르는 연의 탄생 여부가 결정되기 때문이다.

연은 보통 가오리연과 방패연이 있는데 처음에는 만들기 쉬운 가오리연으로 시작해서 어느 정도 연 만들기에 익숙해지면 방패연을 만들어보는 것이 좋다. 방패연은 초보자가 만들고 날리기에 쉽지 않지만 잘 날리는 방법을 터득하다 보면 연이나 비행기를 날게 하는 '베르누이의 정리'와 같은 과학적 원리도 이해할 수 있게 된다.

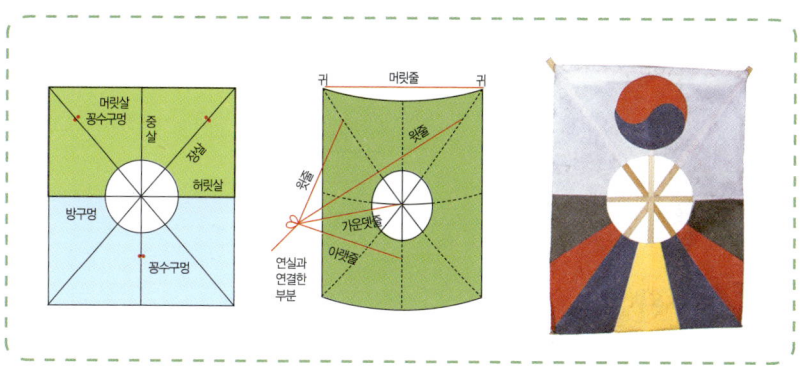

3) 탱그램(칠교놀이)으로 여러 가지 모양 만들기

중국에서 유래한 탱그램은 7조각으로 되어 있어 칠교놀이라고도 하는데, 초등학교에 들어가면 수학 시간에 이 교구를 활용하여 많은 활동을 한다. 탱그램은 원목으로 된 교구를 구입하여 활용할 수도 있지만 만드는 방법이 그리 어렵지 않아 가정에서도 손쉽게 만들어볼 만하다. 여분의 장판이나 두꺼운 종이 상자를 오려 만들면 오랫동안 사용이 가능하고, 한 번에 여러 개를 만들어놓고 가족이나 아이의 친구들과 여럿이 함께하면 또 다른 즐거움을 얻을 수 있다.

탱그램은 한 변이 10cm 정도 되는 정사각형을 7조각으로 나눈 것이다. 직각삼각형 큰 것 2개, 중간 것 1개, 작은 것 2개, 정사각형과 평행사변형 각 1개로 모두 7조각이 된다.

우선 이 7조각을 가지고 자유롭게 어떤 모양이든 만들어보는 것이 좋다. 그 후 탱그램 관련 책자나 인터넷 자료 등을 보며 다양한 모양들을 똑같이 따라 만들어보는 활동을 해본다. 어떤 단어를 제시하면 그 모양을 독창적으로 만들어보는 것도 창의성 개발에 많은 도움이 된다. 현재 탱그램으로 만들 수 있는 모양은 500여 가지 이상 된다고 알려져 있다.

종이로 간단한 수학 교구 만들기
: 10 수판(10 Frame)

수판은 규칙성의 이해와 수에 대한 묶음 인식, 자릿값을 이해하는 데 가장 효율적인 모델로 평가받고 있다. 수판은 그 자체가 10이라는 수로 해석될 수도 있지만, 주로 한 자리 수나 두 자리 수를 다양한 방법으로 표현하는 수단으로 이용된다. 이러한 수판을 아주 간단히 만들어 사용할 수 있는데 그림과 같이 종이에 10개의 격자 모양(10 수판)을 그린 뒤 그 위에 바둑돌을 놓아 수를 표현하는 것이다. 6과 13은 다음과 같이 나타낼 수 있다.

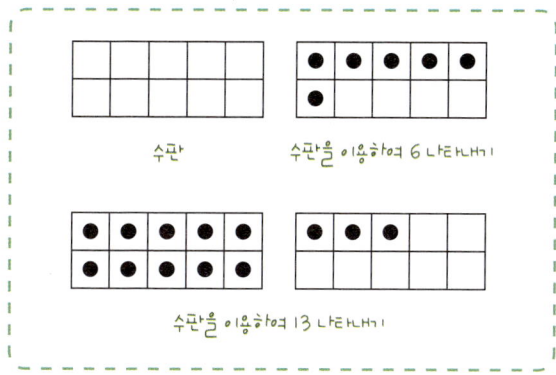

수판을 사용하면 6은 5+1이고, 13은 10+3=5+5+3이라는 사실을 자연스럽게 알게 된다. 즉, 수의 분해(한 수를 작은 수로 나누는 것)와 합병(작은 수를 모아서 큰 수를 만드는 것)을 이해하도록 하는 것이다.

이 수판을 좀 더 활동적으로 사용하려면 달걀판(egg carton)을 이용하여 바둑돌이나 공기돌 등을 각 홈에 넣으면서 수를 표현하면 된다. 한곳에 2개 이상 씩을 넣어 곱셈을 이해하는 데도 활용할 수 있다.

수학 페스티벌과
교구 체험전의 활용

아이들이 학교나 집에서 수학 공부를 열심히 하는 것도 중요하지만 매년 다양하게 열리는 수학 페스티벌에 참여하여 즐거운 시간을 갖거나 체험해보는 것도 수학과 친해질 수 있는 좋은 방법이다. 조금만 관심을 갖고 찾아보면 매년 수학과 관련된 흥미로운 행사가 전국 곳곳에서 열리고 있고, 새로 개발된 교재나 교구들을 소개하는 체험전이 다양하게 개최되고 있다.

대표적인 행사로는 해마다 미래창조과학부와 한국과학창의재단이 주최하는 '대한민국과학창의축전'이 있다. 이 행사에서는 수학과 관련한 프로그램과 강연회를 비롯하여 초중고 학생들을 대상으로 다양한 교구 체험전이 열린다. 또한 국립중앙과학관에서는 유치원생과 초등학생들을 대상으로 '무한상상 수학체험전'을 열어 다양하고 흥미로운 교구들을 직접 체험해볼 수 있는 행사를 진행하고 있다. 국립과천과학관에서도 '수학문화축전'을 열어 다양한 수학 프로그램을 진행하고 교구 체험전을 열어 수학에 관심 있는 학생들의 참여를 유도한다.

뿐만 아니라 각 지방자치 단체들이나 교육청 등에서도 자체적으로 다양한 수학 페스티벌과 교구 체험전을 진행하고 있다. 예를 들어, 경남 양산교육청이 주최하는 양산체험수학축전과 제주특별자치도와 제주특별자치도교육청이 주최하는 'JMF 제주수학축전'도 매년 교사와 학부모, 아이들의 관심 속에 체계적으로 진행되고 있다.

교구 업체들도 자체적으로 다양한 행사들을 수시로 진행한다. 교구들을 직접 살펴보며 활용 방법에 대해 보다 자세한 설명을 들을 수 있어 학부모들에게 인기가 많은 편이다. 대표적인 행사로는 전문적으로 수학 교구를 개발하고 있는 매스티안의 '플레이팩토 페스티벌'을 꼽을 수 있다. 매스티안은 특히 영유아들의 누리과정에 적합한 수학 교구를 유치원과 어린이집 등의 기관에 실제 보급하고 있는 업체로서 교사와 학부모의 교육적 욕구를 충족하는 교구들로 다양한 체험전과 세미나를 마련하고 있다. 페스티벌에서는 새로운 교구를 가장 먼저 만나볼 수 있고, 교구에 대한 정보 및 가격 할인을 누릴 수 있어 관심 있는 학부모들의 발길이 끊이지 않는다. 지역별로 열리는 플레이팩토&먼슬리 브런치 세미나에서는 교구에 관심 있는 학부모들이 커피와 샌드위치 등의 브런치를 즐기며 편안한 분위기 속에서 부담 없이 교구에 대한 정보나 팁을 공유할 수도 있다.

상시적으로 수학 교구를 체험할 수 있는 대표적인 기관으로는 서울 서초동과 경기도 남양주에 있는 수학문화원, 경기도 군포시에 있는 군포수학체험관이 있다. 체험관에서는 수학 교구를 조작해보고 만들

- 플레이팩토 페스티벌 · 먼슬리 브런치 세미나 -

어보는 다양한 프로그램들이 마련되어 있다.

　자신이 살고 있는 지역의 지자체에 문의하면 아이들과 함께 참여할 수 있는 수학 관련 행사가 생각보다 많은 곳에서 다양한 콘셉트로 열리고 있음을 알 수 있을 것이다. 아이의 취향에 맞는 페스티벌을 골라 함께 참여하며 의미 있는 시간을 보내는 것은 수학에 대한 흥미와 재미를 얻는 것 외에도 이후의 수학 학습에 긍정적인 동기부여로 이어지는 계기가 될 것이다.

★ 수학과 관련된 페스티벌과 체험 행사

대한민국과학창의축전 [http://sciencefestival2016.com]
국립중앙과학관 무한상상 수학체험전 [http://science.go.kr/home.bs]
국립과천과학관 수학문화축전 [http://www.scientorium.go.kr/scipia]
양산체험수학축전 [http://ysfunmath.or.kr]
수학문화원 [http://www.mathculture.kr]
군포수학체험관 [http://www.gunpomath.com]
전국수학문화연구회 MCF 수학문화축제 [http://cafe.naver.com/mathculturegroup]
서울수학체험전 [http://sen.go.kr]
JMF 제주수학축전 [http://www.jje.go.kr]
매스티안 플레이팩토 페스티벌 [http://www.playfacto.co.kr]

* 각 지역마다 교육청이 주최하는 수학 축제가 열리고 있으므로 해당 지역의 교육청 홈페이지를 참고할 것

5
교구를 선택할 때 체크할 것들

가짓수만 많다고 하여 좋은 교구는 아니다

교구는 그 자체로서 확장성을 지니고 아이의 창의적인 활동을 도울 수 있어야 한다. 일반적으로 어린 나이 때부터 자주 손으로 만지고 오래 곁에 두기 때문에 나무나 친환경 소재로 만들어진 것을 구입하는 것이 좋은데 그렇다고 무조건 고가의 교구를 구입할 필요는 없다.

요즘은 교구 세트가 많아 한 가지씩 교구를 따로 구입하는 것보다 가격적인 면에서 효율적일 수도 있으나 전체를 한꺼번에 구입하는 것 역시 비용 면에서 부담스러운 부모들이 많을 것이다. 간단한 교구들은 앞서 소개한 대로 손쉽게 구할 수 있는 생활용품을 이용하거나 직접 만들어보는 것도 방법이며, 아이 수준에 맞게 단계별로 한두 가지씩 대여를 하는 방법도 있다.

그렇다면 교구 자체가 지닌 활용적 측면에서는 어떤 교구가 좋은 교구일까? 단순한 블록으로 구성되어 있지만 다양한 활동이 가능한 '큐브타워'를 예로 들어 좋은 교구의 조건을 살펴보려 한다.

− 큐브타워 −

1) 한 가지 교구로 다양한 활동을 할 수 있어야 한다

큐브타워는 단순한 블록으로 구성되어 있지만 쌓으면서 다양한 활동이 가능하다. 제한된 블록의 개수를 가지고 부모나 친구들과 함께 번갈아 가면서 상대방이 쌓은 모양을 똑같이 쌓아보는 활동을 하면서 공간 감각을 기를 수 있다. 또한 주어진 블록을 여러 방향으로 뒤집거나 돌려가면서 어떤 모양이 되는지 알아보는 활동도 할 수 있다. 그런데 보통 이러한 큐브나 쌓기블록의 경우 한 방향에서 보더라도 다른 방향의 모양이 보이게 된다. 이때 각 면을 볼 수 있는 투명 플라스틱 통을 씌우거나 활동판 위에 올려놓으면 각 면에 블록이 몇 개씩 올라가는지 쉽게 알 수 있다. 큐브 쌓은 모양을 여러 방향에서 살펴보고 그 특징을 파악하다 보면 모양과 길이, 부피의 개념 등을 이해할 수 있다.

2) 창의적인 사고를 하도록 도와야 한다

큐브타워의 여러 블록들을 가지고 자신이 생각하는 대로 만들면서 창의적인 사고를 할 수 있다. 어느 한쪽 면인 위, 앞, 옆 등에서 살펴본 후 전체 블록의 개수를 예측하거나 전체적인 모양을 추론해보는 것도 수학적으로 매우 유용한 활동이다. 또한 블록의 개수를 늘려가면서 서로 다르게 쌓을 수 있는 경우를 생각해보는 것도 좋다. 방향 및 공간에 대한 감각을 키울 수 있기 때문이다.

폴리큐브는 정사각형을 이어 붙여 만든 새로운 도형을 가리키는데, 그 가운데 수학적 사고력 향상을 위한 창의 활동에 많이 활용되는 테트라큐브는 블록 4개, 펜타큐브는 블록 5개를 쌓거나 이어 붙여 만든 것을 말한다. 큐브타워의 블록들을 활용하여 다양한 폴리큐브를 만들 수 있다.

― 테트라큐브와 펜타큐브의 예시 ―

3) 보다 높은 수준의 수학적 아이디어를 생각하도록 도와야 한다

큐브타워는 아이의 연령이나 수준에 따라서 적절하게 교구 활용의 난이도를 조절할 수 있다. 단계별 활동의 예를 몇 가지 소개하면 다음과 같다.

1단계	2단계	3단계
· 똑같은 모양 쌓기 · 창의적으로 만들기 · 주어진 조각으로 만들기 · 닮은 꼴 만들기 · 빠진 모양 찾기 · 옮겨서 똑같이 만들기 · 성장 규칙 찾기 · 보이는 조각의 개수 찾기 · 쌓기나무 개수 찾기 · 위, 앞, 옆의 모습 보고 같은 모양 찾기 · 위, 앞, 옆의 모습 보고 같은 개수 찾기 · 앞, 위에서 본 모습 그림으로 나타내기	· 똑같은 모양 만들기 · 쌓기나무 옮기기 · 같은 모양 찾기 · 회전, 이동 규칙 찾기 · 다음 차례에 올 모양 맞히기 · 보이지 않는 조각의 개수 찾기 · 쌓기나무 개수 찾기 · 층별 개수 찾기 · 위, 앞, 옆 모습 보고 같은 모양 찾기 · 위, 앞, 옆 모습 보고 같은 개수 찾기 · 위에서 본 다른 모양 찾기 쌓기나무 부피 구하기	· 보이지 않는 조각의 개수 찾기 · 쌓기나무 개수 찾기 · 층별 개수 찾기 · 큐브 만들기 · 위, 앞, 옆에서 본 모양 (1), (2) · 그림자 타일 보고 쌓기 · 쌓기나무 그리기 · 최대, 최소 구하기 · 모든 쌓기나무의 경우의 수 구하기 · 색깔 쌓기나무 개수 찾기 · 겉넓이 구하기 · 쌓기나무 부피 구하기

자료: 매스티안, 2016

가장 간단한 것으로 블록의 개수를 늘려가면서 수준을 높여가는 경우다. 즉, 여러 가지 모양의 도미노(2조각), 트리노미노(3조각), 테트로미노(4조각), 펜토미노(5조각), 헥소미노(6조각) 등을 만들어보며 효과적으로 두뇌를 개발할 수 있다.

4) 자신만의 방식으로 활용할 수 있어야 한다

좋은 교구는 사용함에 있어 주어진 활동만을 하기 보다는 아이 스스로 교구를 가지고 자신의 작품을 만들거나 자신만의 방식으로 새로운 시도를 할 수 있도록 원리가 단순하고 조작하기 간편해야 한다. 큐브 타워의 경우 똑같은 정육면체 블록을 반복적으로 사용하여 자신만의 입체를 만들 수 있는데 유명한 장난감 교구 중 하나인 레고 역시 이런 특성을 잘 반영한 것이다. 때에 따라 목공풀을 사용하여 블록의 면과 면을 붙여서 여러 가지 모양을 만들 수도 있고 큐브를 일정한 패턴으로 쌓으면서 독창적인 구성을 해보는 것도 아이에게 좋은 경험이 될 것이다.

블록으로 나만의 작품 만들기

5) 혼자 또는 친구들과 협력하여 수학 학습을 도울 수 있어야 한다

교구 활동은 혼자서도 할 수 있지만 부모와 함께하거나 여러 친구들이 모여 선의의 경쟁을 하면서 미션을 수행해나가는 것이 더 흥미 있고 학습 효과도 좋다. 주사위와 같은 교구를 함께 사용하면 의외성이

적절히 가미되어 더 많은 재미를 느낄 수 있는데 정육면체 모양 외에도 다양한 면체 주사위를 활용하는 것도 색다른 묘미가 있다. 인터넷에서 여러 종류의 주사위 전개도를 참고하여 그린 뒤 아이와 함께 만들어보는 것도 좋을 것이다.

6) 견고하고 안전해야 한다

교구로서 가장 기본이 되는 조건은 사용하기에 튼튼하고 안전해야 한다는 것이다. 쉽게 파손되거나 표면이 매끄럽지 않는 것들은 아이가 사용 중에 다칠 수 있기 때문이다. 플라스틱 교구 중에는 구성이 조잡하거나 날카롭게 가공된 것들이 있을 수 있으니 아이가 사용하기 전

에 부모가 먼저 꼼꼼하게 점검할 필요가 있다. 원목으로 된 교구를 많이 선호하는 이유도 친환경적이고 오랫동안 견고하게 사용할 수 있는 점 때문일 것이다.

아이의 인지발달에 따른 교구 활동

일반적으로 놀이를 통한 수학교육을 할 때는 아이의 인지발달 수준에 따라 디에네스가 제시한 6단계의 과정을 따르는 것이 효과적이다. 디에네스의 놀이 학습 6단계를 살펴보면 다음과 같다(Dienes, 1960).

1) 자유 놀이 단계(Free play stage)

아이들이 구조화되어 있지 않은 조작이나 실험 등의 활동을 마음 내키는 대로 자유롭게 하는 단계다. 대부분의 학습에서는 이와 같이 처음에 자연스럽게 익숙해지는 자유 놀이 단계가 필요하다. 예를 들면, 여러 가지 패턴블록이나 탱그램을 가지고 원하는 모양을 만들어보는 것도 이에 해당한다.

2) 구조화된 게임 단계(Stage of the structured games)

주어진 규칙에 따라 놀이하는 단계다. 여러 가지 방법으로 게임을 하면서 그 사이에서 발견할 수 있는 수학적 요소를 찾아가는 단계이기도 하다. 예를 들면, 여러 가지 도형 중에서 각이 진 것과 둥근 모양인 것을 분류할 수 있게 되는 것이다.

3) 비교를 통한 공통성 탐구 단계(Stage of search for commonalities)

외형적으로는 다르게 보일 수 있는 여러 가지 게임을 하면서 공통적으로 발견할 수 있는 수학적 구조를 파악하기 시작하는 단계다. 이와 같은 학습 능력이 갖추어졌을 때 아이들은 성질이 같은 것과 다른 것을 구분할 수 있게 된다. 예를 들면, 속성 블록이나 속성 칩에서 색깔, 모양, 두께 등 하나의 속성에 따라 분류가 가능하다.

4) 표현 단계(Stage of representation)

어떤 수학 개념과 관련된 여러 가지 예들로부터 공통된 요소를 추출하여 그 공통적인 개념이나 성질을 시각적 혹은 언어적으로 표현할 수 있게 되는 단계다. 예를 들면, 정사각형을 그림으로 표현하거나 "네 변의 길이가 같은 사각형"과 같이 간단한 언어로 표현할 수 있다.

5) 기호화 단계(Stage of symbolization)

주어진 개념을 보다 본격적으로 언어나 기호로 표현하는 단계다. 이해하고 있는 수학적 개념이나 성질을 적절한 기호로 나타낼 수 있는데 예를 들면, 성냥개비로 정삼각형을 만들 때 정삼각형의 수와 성냥개비의 수가 어떤 관계가 있는지 그림이나 표로 나타낼 수 있게 된다.

6) 형식화 단계(Stage of formalization)

주어진 개념이 함유하고 있는 수학적 구조를 파악한 뒤 그 개념이 갖고 있는 여러 가지 성질을 체계화할 수 있는 단계다. 즉, 주어진 개념으로부터 각 개념 및 성질 사이의 관계성을 파악하고 규칙을 찾아나가는 형식화 과정이다. 예를 들면, 성냥개비로 정삼각형을 만들 때 정삼각형의 수와 성냥개비의 수가 어떤 관계가 있는지 표에서 식으로 나타내어 구할 수 있게 된다.

앞서 설명한 디에네스의 6가지 단계에 해당하는 교구 활동의 예를 표로 나타내면 다음과 같다.

순번	단계	관련 교구 활동이나 특징
1	자유 놀이 단계 Free play stage	
2	구조화된 게임 단계 Stage of the structured games	
3	비교를 통한 공통성 탐구 단계 Stage of search for commonalities	
4	표현 단계 Stage of representation	"정사각형은 네 변의 길이가 같은 사각형이다."
5	기호화 단계 Stage of symbolization	
6	형식화 단계 Stage of formalization	성냥개비의 수 = 정삼각형의 수 × 2 + 1

PART 4 _수학과 가장 쉽게 친해지는 법

교구를 활용할 때는 이와 같이 아이의 수준과 인지적인 발달 단계를 고려해야 한다. 아이가 아직 일정 단계의 수준에 이르지 않았는데 보다 높은 단계의 교구 활동을 강요하다 보면 교구 활동의 재미를 느끼지 못해 금세 흥미를 잃고 교구 활동에 따르는 수학적인 효과를 기대하기 어렵게 된다. 교구는 수학을 보다 흥미롭게 배우고 이해하기 쉽게 돕는 보조재이지, 선행 학습을 위한 도구는 아니라는 점을 분명히 해두어야 할 것이다.

비슷한 교구, 작은 차이가 수학 영재를 만든다

수학 공부에 활용할 수 있는 교구는 많지만 교구의 질뿐만 아니라 교구의 용도는 제각각 다르다. 그런데 시중에 나와 있는 교구 중에서 내 아이에게 가장 적절한 교구가 무엇인지 판단하는 것은 쉽지 않다. 비슷하게 보이는 교구들도 조금씩 차이가 있고, 같은 교구라도 어떻게 사용하느냐에 따라 아이에게 끼치는 영향은 매우 다를 수 있기 때문이다. 좋은 교구를 바르게 사용하면 수학적 잠재력을 가진 아이가 영재성을 발휘할 수도 있다. 영재성을 키워줄 수 있는 좋은 교구의 특징과 그에 따른 올바른 활용법에 대해 알아보자.

많은 부모들이 아이의 영재성 발달을 위해 아이가 어릴 때부터 관심을 갖고 두뇌 개발에 유용한 정보들을 찾고 있다. 일반적으로 아이의 영재성은 선천적으로 타고나는 것과 후천적으로 환경적인 요소에 의해 형성되는 것 두 가지로 나뉜다. 전자의 것은 노력을 한다고 하여 바꿀 수 있는 것이 아니기

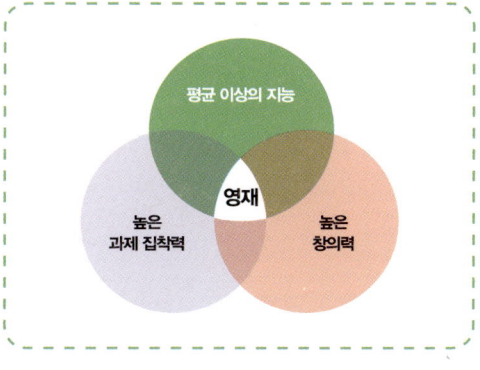

때문에 어떻게 하면 환경적으로 아이의 잠재적인 영재성을 길러주느냐가 중요하다.

영재성의 정의는 다양하지만 영재교육을 담당하는 교사들은 미국의 영재교육학자인 조셉 렌줄리Joseph Renzulli의 정의에 따라 '평균 이상의 지능' '높은 창의력' '높은 과제집착력'을 가진 사람을 영재로 보고 있다(Renzulli, 1986).

이 가운데 일반적으로 수학 교구를 활용하여 가장 효과적으로 길러 줄 수 있는 영재성은 높은 창의력이라고 할 수 있다. 창의력은 일반적으로 다른 사람들과는 다르게 생각할 수 있는 독창성, 비슷한 여러 아이디어를 많이 생각해낼 수 있는 유창성, 기존의 사고방식에서 벗어나 다양한 각도에서 여러 가지 해결책을 찾아낼 수 있는 융통성(유연성), 보다 세련되고 정교한 아이디어를 낼 수 있는 정교성 등을 그 특징으로 한다.

그렇다면 영재의 요건 중 하나인 창의력 신장을 위해 교구는 어떤 특징을 지녀야 할까. 그리고 교구에 따라 어떤 방법으로 교구를 활용해야 하는지도 함께 살펴보자.

1) 지적인 호기심을 적절하게 자극하는가?

학습에 있어 가장 큰 동력은 아이들의 호기심이라고 할 수 있다. 〈어린 왕자〉를 쓴 생텍쥐페리Saint Exupery도 학습에서 동기 유발의 중요성을 강조했다. 그는 배를 만들기 위하여 일일이 대패질은 이렇게 해야 한다고 가르치기보다는 배를 만드는 사람들을 데리고 나가서 넓은 바다를 보여주면 스스로 배를 만들 것이라고 주장했다. 수학을 공부하는 데 있어서도 아이가 자발적으로 궁금한 것을 찾아가면서 해결하도록 이끌어 주어야 한다. 수학 교구도 이러한 특성을 반영한 것이 좋다.

2) 창의성을 발현하도록 격려하는가?

아이가 창의성을 발현하도록 효과적으로 돕는 교구가 좋다. 이는 교구 자체가 가지고 있는 특성으로 인해 확장적인 사고를 하게 하는 것도 있고, 주어진 교구를 어떻게 활용하느냐에 따라 발현되기도 한다. 부모나 교사는 교구를 방법에 맞게 적절히 사용하는 것과 더불어 아이가 교구를 활용할 때 자신의 생각을 좀 더 창의적으로 표현할 수 있도록 자연스럽게 격려하는 것이 좋다.

3) 수학적 아이디어와 자연스러운 연계가 되도록 돕는가?

교구를 활용하여 수학을 지도하는 궁극적인 이유는 추상적인 개념의 수학을 잘 이해하도록 돕기 위함이다. 교구가 단순히 손을 움직이게 하고 즐거움만 준다면 수학을 학습하는 데 있어서는 큰 도움이 되지 않을 것이다. 그렇기 때문에 구체물을 손으로 만지면서 하는 활동이 머릿속의 추상적인 사고와 자연스럽게 연계되도록 돕는 것이 좋은 교구라고 할 수 있다.

　교구의 선택과 활용 방법에 따라 아이의 영재성 가운데 중요 요소인 창의성이 어떻게 다르게 발현될 수 있는지, 위와 같은 특성을 만족하는 수학 교구 가운데 하나인 지오보드의 사례를 통해 알아보자.

■ 지오보드(Geoboard)

초기에는 나무판에 못을 박아 만들었지만 요즘은 플라스틱 제품을 쉽게 구할 수 있어 아이들이 가볍고 안전하게 사용할 수 있다. 지오보드는 격자 모양으로 고무줄을 걸 수 있는 고리가 나열되어 있어 색깔이 다른 고무줄을 걸어 다양한 모양을 만들 수 있다. 이 교구를 처음 사용할 때는 아이들이 자유롭게 고무줄로 원하는 모양을 만들도록 하는 것이 좋다. 그 후 여러 가지 도형을 만들어보며 도형 뒤집기, 합동인 도형 만들기, 닮은 도형 만들기, 패턴 만들기, 도형의 둘레와 넓이 탐구하기 등의 활동으로 이어질 수 있도록 한다.

　지오보드를 활용하여 보다 수학적이고 창의적인 아이디어를 발휘하게 할 수도 있는데, 다음은 영재 아이와 일반적인 아이를 비교하여

연구한 자료를 참고한 것으로 지오보드 활동의 평면 형태인 점판에서 다양한 아이디어를 격려할 수 있는 사례다. 어린 아이들의 수준에서부터 영재 수준의 아이들까지 모두 해볼 만한 활동이다.

활동 1 주어진 25개의 구슬을 여러 가지 방법으로 세어보고 어떻게 세었는지 표시하세요.

유형 분류				구 슬 세 기				Sheffe-검증(5%)	
					평균 표준편차			영재 상위	
				독창점수	영재집단 (N=59)	상위집단 (N=165)	중위집단 (N=203)	상 중	* * *
I. 직접 세기	유형 1	불규칙적으로 일일이 세기		0	.39 .53	.84 1.46	.93 1.35		*
	유형 2	규칙이 있는 선을 따라 세기		0	.08 .43	.42 .79	.55 .98		* *
II. 그룹화	유형 3	비효율적인 그룹화		0	.93 1.81	1.48 1.63	1.45 1.53		
	유형 4	일정한 묶음과 나머지		0	1.10 1.18	1.96 1.91	1.57 1.78		*
	유형 5	구슬의 배열을 이용한 그룹화		0	1.98 1.01	2.12 1.16	1.85 .99		*
	유형 6	대칭을 이용한 비효율적 그룹화		0	.81 1.25	1.02 .89	.92 .87		
	유형 7	대칭을 이용한 효율적 그룹화		0 0 0 1	1.73 1.68	2.01 1.42	1.23 1.12		* *
III. 재구성	유형 8	구슬의 재배치		1 2 3 3 3	1.19 1.18	.38 .71	.08 .27		* * *
	유형 9	구슬의 첨삭		1 1 1 2 3 2 3	1.22 1.18	.28 .57	.12 .39		* * *
	유형 10	입체로 보기	정사각뿔(44개) 또는 정팔면체(63개)를 위에서 내려다 본 도형으로 생각	3	.14 .39	.00 .00	.00 .00		*

자료: 〈구슬 세기 유형 분류〉, 권오남 외, 1999

엄마, 수학에 생각을 더하다

유형 분류표를 살펴보면 아래에 있는 방법들로 세웠을 때 창의성의 요소인 독창성에 있어 높은 점수를 얻었다. 이는 점점 아래로 내려갈수록 그러한 방법을 생각하는 것이 상대적으로 어렵다는 것을 의미한다. 물론 어떻게 점수를 매기느냐에 대한 것은 다양한 관점이 있지만 "다른 사람들이 생각하기 쉽지 않는 방법으로 해봐"라고 권고하는 것은 큰 의미가 있다. 다른 사람들보다 더 많은, 더 다양한 방법으로 다르게 세는 아이는 창의성의 요소인 유창성이 뛰어난 경우다.

활동 2 넓이가 2인 도형을 여러 가지로 구하고 구한 방법을 표시하세요.

유형 분류				독창 점수	도형그리기 평균 표준편차			Sheffe-검증 (5%)	
					영재집단 (N=59)	상위집단 (N=165)	중위집단 (N=203)	영재 상위	상 중
I. 단일 기본 도형	유형 1	선대칭		0 0 0 0	3.59 .65	3.26 .87	2.66 .98		* *
	유형 2	점대칭		0 0 0 0	2.56 1.18	1.91 .80	1.44 .94	*	* *
	유형 3	비대칭		0 0	.97 .91	.03 .21	.03 .23	*	*
II. 2개 이상의 기본도형을 붙임	유형 4	선대칭		0 0 1 2 2	1.15 1.08	1.01 .77	.39 .68		* *
	유형 5	점대칭		0 2 2 2 2	.54 .77	.21 .44	.04 .20	*	* *
	유형 6	비대칭		0 1 2 2 2	7.29 5.83	4.10 2.44	1.50 1.57	*	* *
III. 중점을 이용한 도형	유형 7	선대칭		1 2 3	.31 .88	.17 .52	.06 .39		
	유형 8	점대칭		2 3	.03 .18	.04 .30	.02 .12		
	유형 9	비대칭		3 3	.47 1.16	.19 .93	.00 .00	*	*
IV. 곡선(원)을 이용한 도형	유형 10	선대칭		2 3 3	.07 .31	.16 .57	.00 .00		*
	유형 11	점대칭		2 3	.02 .13	.04 .21	.00 .00		*
	유형 12	비대칭		2 3 3	.05 .29	.13 .44	.00 .00		*

자료: 〈도형 그리기〉, 권오남 외, 1999

가장 작은 정사각형의 넓이를 1이라고 할 때, 넓이가 2인 도형을 다양하게 표현하는 활동으로 점판에 그릴 수도 있고 고무줄로도 표현해 볼 수 있다. 이런 활동들 역시 유형 분류표에서 제시한 것처럼 아이들의 수준에 따라 다양하게 나타난다.

활동 3 넓이가 같은 여러 가지 모양을 만들어보세요.

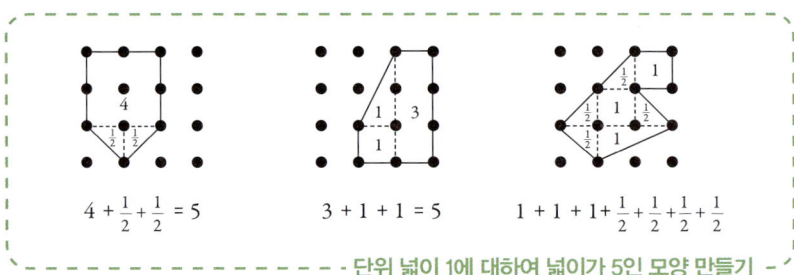

— 단위 넓이 1에 대하여 넓이가 5인 모양 만들기 —

이와 같이 처음에는 작은 넓이를 만드는 것에서부터 시작하여 조금씩 더 넓은 도형을 생각할 수 있다. 뛰어난 아이들은 스스로 만든 도형의 넓이를 내부에 있는 점의 개수와 고무줄 위에 있는 점의 개수로 나타낼 수 있을 것이다. 즉, 다음과 같은 사실을 알 수 있다.

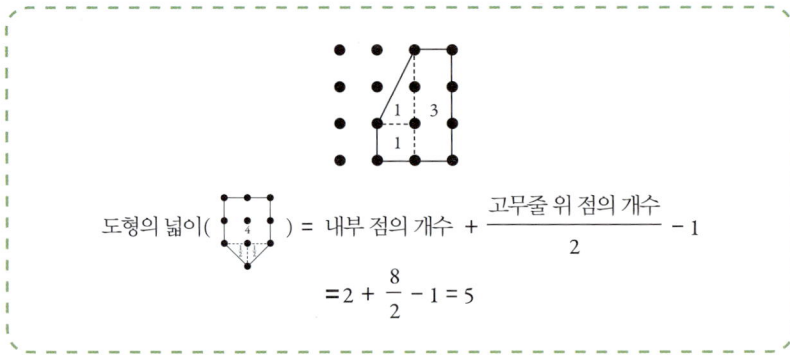

> 도형의 넓이(A) = $i + \dfrac{b}{2} - 1$ (i = 내부 점의 개수, b = 고무줄 위 점의 개수)

이는 수학에서 픽의 정리Pick's Theorem라고 한다. 처음에 발견하기는 쉽지 않지만 계속 탐구하다 보면 아이들도 발견할 수 있는 간단한 식이다. 이에 대한 증명은 중고등학교 이상이 되어야 가능하므로 그 이유를 생각하는 것은 차치하고 아이가 '아, 이런 규칙도 있구나!' 하고 알 정도로만 활동한 뒤 이러한 경험이 수학에 대한 관심으로 계속 이어지도록 하는 것이 중요하다.

이처럼 간단하고 단순하지만 활용 방법에 따라 어린 아이부터 지적 능력이 뛰어난 영재들까지 사용할 수 있는 확장성이 큰 교구가 좋은 교구다. <u>부모 입장에서 교구를 선택할 때 너무 어렵게 생각하지 말고 어린 아이에서부터 커가면서도 수준에 맞게 다양한 활동이 가능한 교구를 선택하면 될 것이다.</u>

교구를 들인 다음에는 아이가 하는 것을 지켜보면서 "만약 이렇게 하면 어떻게 될까?(what if 전략)"라고 자연스럽게 물어보며 아이가 더 많은 생각을 하도록 이끌어주어야 한다. 교구 자체의 차이도 있지만 교구를 어떻게 활용하는가의 작은 차이가 아이의 영재성 발달에 가장 큰 영향을 끼치기 때문이다. 교구의 활용에 있어 부모와 교사의 역할이 그 무엇보다 중요한 이유이다.

수학의 눈으로
세상을 바라보자

2017년부터 새롭게 바뀐 초등학교 1, 2학년 수학교과서에는 두 가지 눈에 띄는 변화가 있다.

우선 공부하기에 앞서 미리 한 학기 동안 배우게 될 내용을 간단히 엿볼 수 있는 〈수학은 내 친구〉라는 시작 페이지와 모든 단원을 배운 뒤 만나게 되는 〈수학으로 세상 보기〉가 그것이다. 특히 〈수학으로 세상 보기〉는 한 학기 동안 배운 내용을 되돌아보면서 그것들이 우리의 생활 속에서 어떻게 적용되고 구현되는지 알아보는 코너로 눈여겨볼만 하다. 이것이야 말로 우리가 수학을 공부하는 이유이자 목적이기 때문이다.

부모들은 아이가 배운 수학적 지식들이 세상 어디에 적용되는지 아이와 함께 대화를 나누며 생각해보아야 한다. 뿐만 아니라 이와 같이 수학의 눈으로 세상을 바라보는 것이 왜 필요한지 아이에게 인식시키는 것 또한 매우 중요하다.

예를 들면, 요리를 할 때도 소금이나 설탕 등의 양념을 어떤 비율로 넣느냐에 따라 음식의 맛이 달라진다. 요리 속에도 다양한 수학적 계산과 법칙이 숨어 있는 것이다. 또한 가능한 많은 사람들이 '맛있다'고 느끼는 음식을 만들려면 사람들이 평균적으로 좋아하는 맛을 기준으로 삼아야 하고, 이를 위해서는 맛의 통계를 낼 줄 알아야 한다.

요리뿐 아니라 생활 속에서 행해지는 대부분의 활동에 수학적 지식과 원리가 적용된다는 사실을 알면 아이들에게 수학 공부가 조금은 더 재미있고 의미 있게 다가올 것이다. 어린 아이들의 경우 그들의 경험 안에서 수학적 아이디어를 생각해보게 하는 것이 좋은데 놀이터에서 시소를 타며 균형의 원리를 이해하거나 엄마와 함께 쓰레기를 분리수거하면서 분류의 개념을 생각할 수 있다. 그리고 집안의 화장실 타일이나 벽지 무늬에서 규칙적인 패턴을 발견하는 것도 재미있을 것이다.

무엇보다 이렇게 수학으로 세상을 바라보고 생각하는 습관은 "수학을 왜 배워야 하나요?"라는 질문에 아이 스스로 답을 찾게 해준다는 점에서 매우 중요한 의미를 지닌다. 공부해야 하는 이유를 알고 있는 아이는 자기주도적인 학습이 가능하고 방향과 목표가 확실해 배움의 고비가 찾아와도 쉽게 흔들리지 않는다. 이것이 바로 수학을 잘할 수 있는 백 가지 방법보다 중요한 수학 공부의 본질이기도 하다.

부록_티칭가이드

엄마들이 가장 궁금해하는
수학과 교구에 대한 Q&A

■ 수학 관련

★ 수와 연산 영역

Q. 5세 아이, 자꾸 큰 수에만 관심을 가져요.

A. 5살 정도의 아이들이 큰 수에 관심을 가지는 것은 좋은 일입니다. 물론 작은 수는 잘 이해하지 못하는데 큰 수에만 관심을 가지면 안 되겠지만 기본적으로 수에 대한 관심이 있고, 점점 큰 수에 대해 알고 싶어 하는 것은 자연스러운 일입니다. 큰 수에 대해 자세히 가르쳐줄 필요는 없지만 상대적인 개념으로 어떤 수보다 큰 수를 차차 알아가도록 하면 좋습니다.

Q. 7세 아이, 내년에 학교 가는데 연산 문제를 너무 싫어해요.

A. 아이가 연산을 싫어하는 데는 이유가 있을 것입니다. 억지로 연산을 시키거나 계산 방법을 외우게 하는 것보다는 우선 아이가 연산을 왜 싫어하는지를 파악하는 것이 중요합니다. 지겹게 연산 문제를 풀었던 기억이나 틀려서 혼이 났던 기억 때문에 연산을 꺼려할 수 있기 때문입니다. 아이가 연산 문제 푸는 것을 싫어하면 강요하지 말고 교구를 가지고 아이와 함께 놀이하듯이 연산을 함께 해보거나 아이의 수준에 맞는 수학동화를 읽으며 연산에 대한 친근감을 형성하는 것이 좋습니다.

Q. 받아올림과 받아내림이 들어가는 연산을 잘 못해요.

A. 자연수의 덧셈과 뺄셈에서 받아올림이나 받아내림이 있는 문제를 어려워하는 아이들이 많습니다. 덧셈과 뺄셈에서 받아올림이나 받아내림의 원리를 이해하지 못했기 때문인데, 십진블록을 활용하여 간단한 경우부터 원리적으로 이해하면 나중에는 교구를 사용하지 않아도 문제를 푸는 것이 어렵지 않을 것입니다(본문 81페이지 참고).

Q. 연산에서 여러 가지 방법으로 계산하는 것을 힘들어합니다.

A. 연산 문제는 보통 여러 가지 방법으로 풀 수 있습니다. 먼저 주어진 연산을 아이가 생각하는 대로 풀어보게 할 필요가 있습니다. 그리고 본문에서도 제시한 보수 관계를 이용하여 똑같은 수를 더하거나 빼서, 계산하기 쉽게 몇 백이나 몇 십 등으로 만들어서 등등 아이가 생각하는 것 외에도 문제를 해결할 수 있는 방법이 매우 다양하다는 것을 알려줍니다. 이때 중요한 것은 여러 가지 연산 방법을 외우게 하면 안 되고 왜 그렇게 할 수 있는지 원리적으로 이해시키는 것입니다.

Q. 연산은 잘하는데 문장제 문제를 잘 못 풀어요.

A. 문장제 문제는 문장을 읽고 그 문제에서 요구하는 것이 무엇인지를 파악한 뒤 답을 구해야 하므로 연산 문제를 잘 푸는 아이도 어려워하는 경우가 많습니다. 아이가 문장제 문제를 쉽게 이해하기 위해서는 다양한 책을 읽으며 문장에 대한 어휘력과 이해력을 늘려야 합니다. 그리고 다양한 문제를 풀어보며 초등학교 수학교과서에도 나와 있는 폴야^{Polya}의 문제해결 전략 단계에 따라 '문제를 읽고 이해하기-계획 세우기-계획 실행하기-풀이한 과정 반성하기' 과정을 거치는 훈련을 하는 것이 좋습니다.

Q. 연산할 때 손가락을 쓰는 아이, 못쓰게 해도 자꾸 써요.

A. 아이가 계산하는 과정을 돕기 위한 자연스런 행동으로 어른들도 가끔 손가락을 사용하는 경우가 있습니다. 아이가 연산을 수행하면서 손가락을 쓸 때, 강제로 쓰지 못하게 할 필요는 없습니다. 아이에 따라 조금 더 늦게까지 손가락을 사용하는 경우가 있는데 이는 말문이 늦게 트이는 것과 유사합니다. 때가 되면 자연스럽게 불필요한 손가락 사용은 하지 않게 될 것입니다. 다리를 다쳤을 때 깁스를 하지만 다 나으면 불편해서 하지 않는 것과 마찬가지입니다. 오히려 연산에서 아이의 손가락 사용을 억지로 막다보면 역효과가 있을 수 있으니 유의해야 합니다.

Q. 덧셈은 잘하는데 뺄셈을 어려워해요.

A. 초등학교 1~2학년에서는 덧셈과 뺄셈이 연산의 주류를 이룹니다. 일반적으로 아이들은 늘어나는 개념보다 줄어드는 개념에 익숙하지 않기 때문에 뺄셈을 어려워합니다. 그러나 덧셈과 뺄셈은 서로 반대적 원리의 계산임을 안다면 아이도 뺄셈을 자연스럽게 이해하게 될 것입니다. 이때 바둑돌과 같은 구체물의 조작 활동을 하면서 덧셈과 뺄셈을 연계하여 생각하게 하면 좋을 것입니다. 예를 들면, 12개의 바둑돌을 세어보게 한 뒤 일부분을 종이로 가려서 몇 개만 보여주고 종이 밑에 있는 바둑돌의 개수를 알아맞히게 하는 것입니다. 그리고 이것을 덧셈식과 뺄셈식으로 표현하는 연습을 반복하면 도움이 될 것입니다.

Q. 시간의 덧셈과 뺄셈을 어려워해요.

A. 시간의 덧셈과 뺄셈은 일반적인 10진법의 덧셈과 뺄셈이 아닌 시, 분의 단위가 더해지고 빼지는 60진법으로 되어 있기 때문에 어린 아이들에게는 어려운 내용입니다. 보통 시간의 덧셈과

뺄셈은 초등학교 2학년 때 배우는데 시계 모형과 같은 교구를 활용하여 직접 시계바늘을 움직여보며 이해하는 것이 도움이 됩니다. 너무 어릴 때는 간단히 시각을 읽는 정도로 시작하는 것이 좋고 시계를 읽는 것과 함께 시각과 시간의 의미를 정확히 아는 것이 중요합니다. 생활 속에서 시각과 시간의 의미를 혼용하지 않도록 용어에 익숙해지게 할 필요가 있습니다.

- **시각**: 어느 특정한 시점을 나타내는 용어

    (예: 지금 시각은 오전 10시입니다.)
- **시간**: 어느 특정한 시각과 시각 사이의 차이를 나타내는 용어

    (예: 오전 10시부터 오전 11시 30분까지 시간의 차는 얼마입니까?)

Q. 한글을 곧잘 읽고 숫자도 100까지 읽고 쓰는데, 연산은 언제부터 시작해야 할까요?

A. 초보적인 연산은 아이의 수준에 따라 유아 때부터도 가능합니다. 그러나 본격적으로 연산을 하기 이전에 기초적인 수에 충분히 익숙해져야 합니다. 수학의 기본은 수를 세면서 세는 말을 익히는 것입니다. 우리나라의 숫자를 세는 말은 하나-일, 둘-이, 셋-삼… 등과 같이 두 가지로 하는 복명수 체계입니다. 처음에는 10까지 그리고 20까지 점점 큰 수로 나아가며 수 세는 말에 익숙해지게 합니다. 아이 스스로 수의 규칙성을 발견하여 100까지 읽고 쓸 수 있으면 이를 토대로 다양한 활동을 할 수 있습니다.

10씩 뛰어 세기, 5씩 뛰어 세기, 어느 수를 말하면 그 수에서부터 시작하여 더 큰(작은) 수 3개 말하기, 어느 특정한 수의 앞뒤 수 말하기 등의 놀이를 하면서 초보적인 연산 훈련을 하는 것이 좋습니다. 이런 훈련을 하고 나면 정식으로 하는 사칙연산도 보다 쉽게 이해할 수 있을 것입니다.

Q. 연산을 암산으로만 하는 까닭에 자꾸 실수를 해요.

A. 암산을 하는 이유는 문제를 빨리 풀기 위해서일수도 있고, 계산하는 것이 귀찮아서일 수도 있습니다. 그런데 풀이과정을 쓰고 정리하며 문제를 푸는 것은 초등학교뿐만 아니라 중고등학교에 가서도 매우 중요합니다. 따라서 문제를 풀 때 정말 쉬운 풀이는 암산으로 하고, 그 외는 풀이과정을 꼭 써보는 것이 좋습니다. 암산하여 실수했던 부분의 풀이과정을 써보면 어느 부분에서 실수를 했는지 쉽게 알 수 있습니다. 실수를 줄이기 위해서라도 풀이과정을 쓰는 습관을 길러야 합니다.

Q. 수와 숫자의 차이점은 무엇인가요?

A. 수(Number)는 기본적으로 크기를 갖는 것으로 많고 적음을 비교하거나 잴 수 있는 크기의 양, 범위, 순서 등을 나타냅니다. 예를 들면 "21과 19 가운데 더 큰 수는?"이라는 문장에서 21과 19는 수의 개념입니다. 반면 숫자(Numberal)는 표시하기 위한 기호 또는 문자로 고유한 이름을 나타냅니다. 전화번호나 자동차 번호 등이 숫자에 해당됩니다.

| 3 | 5 |

- 어느 숫자가 더 큽니까? 답: 3
- 어느 수가 더 큽니까? 답: 5

★ 측정 영역

Q. 길이, 넓이, 부피, 무게 등의 어림을 어려워해요. 어림한 값이 참값과 너무 차이가 나는데 어떻게 지도해야 하나요?

A. 측정 활동에서 양감을 가지게 하는 것이 중요합니다. 보통 어린 아이들은 길이, 넓이, 부피, 무게에 대한 양감 능력이 부족합니다. 예를 들면 집에서 1km가 되는 곳을 말해보라고 하면 어른들과는 매우 다르게 어림하는 것을 알 수 있습니다. 길이의 양감을 키우기 위해서는 줄넘기, 막대, 연필 등 주변의 물건을 이용하여 다양한 물건 재어보는 활동을 하면 좋습니다. 손 뼘이나 팔 길이, 보폭이나 다리 길이 등 자신의 몸을 사용하여 측정해보는 것도 방법입니다. 여러 번 반복하여 측정하면서 눈과 몸으로 감각을 익히는 것이 중요합니다. 그러고 나서 자를 이용해 정확하게 재고 어울리는 단위를 사용하도록 합니다. 무게의 경우 마트에서 무게가 다른 잡곡이나 쌀 등을 들어보면서 중간 중간 눈을 감고 무게의 차이를 느껴보는 것도 좋습니다. 생활 속에서 이러한 활동을 하면서 정확한 양감을 키우기 위해 노력하다보면 어림의 오차를 점점 줄일 수 있을 것입니다.

Q. 알맞은 길이나 무게의 단위 쓰는 것을 어려워해요.

A. 단위는 측정에 있어 편의를 위해 사람들 사이에 만든 약속이기 때문에 생활 속에서 자주 사용하며 익숙해질 필요가 있습니다. 아이들에게 여러 단위를 경험할 수 있는 좋은 활동으로는 요리를 꼽을 수 있습니다. 요리에서 사용하는 물과 우유, 기름과 같은 액체 재료를 통해 들이 단위를 배울 수 있고, 고기나 버터, 밀가루 등과 같은 불규칙한 재료에 사용하는 무게 단위를 배울 수 있습니다. 달리기나 공 던지기와 같은 체육 활동을 통해서도 m와 cm와 같

은 길이의 단위를 배울 수 있습니다. 공 던지기의 경우 공의 무게와 공이 날아가는 거리 사이의 관계를 알 수 있고, 더 나아가 시간과 속도 등의 단위를 배울 수 있습니다. 아이에게 처음에는 말로 표현하도록 하고, 점차 알맞은 단위를 쓰면서 표현하는 습관을 길러주면 좋습니다.

Q. 부피와 들이의 차이는 무엇인가요?

A. 부피는 입체가 차지하고 있는 공간의 크기를 말하고, 들이는 용기 내부의 공간이 가지는 크기를 말합니다. 예를 들어, 똑같이 외부의 공간을 차지하는 용기의 부피는 같더라도 두께가 두꺼운 용기의 들이는 더 적게 됩니다. 그러나 이 둘의 수학적 의미는 같습니다. 중고등학교에서는 들이라는 말 대신에 '용기의 안쪽 부피'라는 말을 사용하기도 합니다.

Q. 둘레와 넓이를 자꾸 혼동해요.

A. 둘레는 사물의 테두리나 바깥 언저리를 말하는 것으로 사물의 주변을 한 바퀴 돈 길이를 가리킵니다. 반면에 넓이는 일정한 평면에 걸쳐 있는 공간의 크기를 말합니다. 어린 아이들에게는 종이에 도형들을 그린 다음 주어진 도형의 테두리를 색연필로 따라 그리면서 "둘레", 안쪽을 색칠하면서 "넓이"라고 말하게 하여 구분할 수 있도록 합니다. 이 둘 사이의 혼동을 막기 위해서는 종이 카드나 타일과 같은 교구를 사용하여 둘레와 넓이를 구해보는 것이 좋습니다. 예를 들어, 16개의 종이카드나 타일을 서로 맞붙여서 직사각형 모양을 만든 다음 둘레의 길이와 넓이를 구해볼 수 있습니다. 그리고 더 나아가 같은 둘레를 가지면서 가장 큰 넓이를 가지려면 정사각형 모양이 되어야 한다는 추가적인 사실도 차차 발견할 수 있도록 합니다.

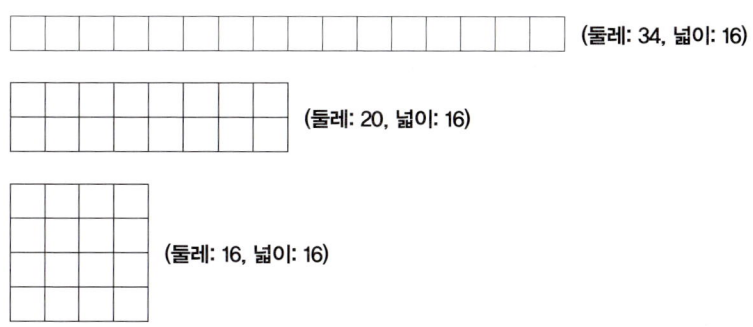

Q. 3가지 이상의 물건들을 측정하여 길이나 무게를 서로 비교하는 것을 어려워해요.

A. 2개의 물건을 서로 비교하는 것은 가장 초보적인 것으로 아이들이 비교적 잘 해내지만 물건의 가짓수가 늘어나면 비교하여 순서 짓는 것을 어려워합니다. 특히 직관적으로 비교가 가능하지 않은 3개 이상의 물건을 직접 재어 길이나 무게의 순서를 정해야 할 때는 추론이라는 사고를 해야 하므로 더욱 어렵게 느낄 수 있습니다.

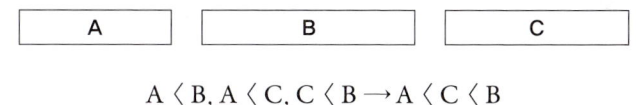

A < B, A < C, C < B → A < C < B

이때는 물건을 하나하나씩 측정해보면서 하나의 물건을 기준으로 하여 다른 물건과의 크기를 비교해야 합니다. 그 다음에는 기준을 바꿔 다른 물건들과 비교해보는 과정을 통해 3가지 물건 사이의 크기 관계를 이해해야 합니다. 가짓수가 많은 물건이라도 이러한 방식으로 차근차근 측정하고 비교해나가면 어렵지 않다는 인식을 아이에게 심어주는 것이 필요합니다.

Q. 비교할 때 쓰는 표현인 높다, 낮다, 크다, 작다 등의 용어를 헷갈려해요.

A. 부모가 아이와 함께 접하는 상황 속에서 관련 용어를 정확하게 사용하는 것이 가장 좋은 방법입니다. 가정이나 주변에서 볼 수 있는 다양한 속성의 물건들을 가지고 대화하면서 적절한 표현에 익숙해지도록 합니다.

속성	표현
길이	길다 / 짧다
거리	멀다 / 가깝다
높이	높다 / 낮다
넓이	넓다 / 좁다
부피	크다 / 작다
불규칙한 양(부피)	많다 / 적다
시간	길다 / 짧다
무게	무겁다 / 가볍다

★ 기타 영역

Q. 수학 문제를 자꾸만 대충대충 읽어요. 어떻게 하면 문제를 꼼꼼히 읽을까요?

A. 아이들이 수학 시험을 보고 와서 "어떻게 푸는지 아는 문제인데 문제를 잘못 읽는 바람에 틀렸어요"라고 말하는 경우가 의외로 많습니다. 대부분의 아이들은 주어진 문제를 꼼꼼하게 읽지 않고 자신이 이미 풀어본 익숙했던 내용으로 대체하는 경향이 강합니다. 이러한 습관을 고치기 위해서는 쉬운 문제도 주어진 문제를 2~3번 읽고 꼼꼼하게 풀이하는 습관을 길러야 합니다. 특히 문장제 문제의 경우 더욱 차분하게 읽고 차근차근 문제를 해결해나가야 합니다. 문제의 이해 단계에서는 메모를 하거나 그림을 그려가면서 문제에서 요구하는 것이 무엇인지 확실하게 인식하는 것도 좋은 방법입니다.

Q. 혼자서는 수학 문제집을 전혀 풀려고 하지 않아요.

A. 수학 공부를 스스로 하기 위해서는 재미와 습관을 들여주는 것이 가장 좋습니다. 수학을 이제 막 시작하는 유치원생이나 초등학교 저학년 아이들은 하루에 조금씩이라도 수학 교구를 가지고 부모가 놀이하듯이 함께 수학 활동을 하면서 수학 공부에 친숙해지도록 해야 합니다. 교구를 가지고 부모와 함께 10분에서 20분 정도 활동한 후에는 아이 혼자서 나머지 활동을 하도록 습관을 들여주는 것이 좋습니다. 학습지나 문제집을 고를 때도 쉬운 것부터 점차 수준을 높여가는 데 무리가 없는 것을 선택하여 아이가 수학에 자신감을 가질 수 있도록 하는 것이 중요합니다.

Q. 수학에서 연산은 얼마나 중요한가요? 연산 문제집을 꼭 풀도록 해야 할까요?

A. 연산 능력은 차후 수학 공부를 하는데 있어 기초가 되므로 기본적인 연산을 능숙하게 하는 것은 매우 중요합니다. 따라서 하루에 적은 양이라도 조금씩 연산 문제를 푸는 것이 좋습니다. 꾸준한 연습만이 연산에 대한 정확도를 높이고 풀이 시간을 줄일 수 있습니다. 그러나 중요한 것은 지겨운 방식이나 과도하게 많은 양의 연산 문제를 반복적으로 풀면 역효과가 난다는 것입니다. 연산 문제집은 아이의 수준을 고려하여 적정 단계와 분량을 조절해야 하고, 아이가 지겨워하면 바로 멈춰야 합니다. 또한 아이가 어느 정도 자발성을 가지고 풀 수 있어야 합니다. 연산에 있어서도 가장 좋은 방법은 교구를 활용하여 놀이하듯 반복적인 연습을 하는 것입니다.

Q. 한 번 풀었던 수학 문제를 다시 풀 때 기억을 잘 못해요.

A. 이미 풀어봤던 문제가 새롭게 느껴지고, 틀렸던 문제를 또 틀리는 아이들이 많습니다. 가장 큰 원인은 수학 문제를 이해하지 못한 상태에서 기계적으로 풀었기 때문입니다. 이런 식으로 문제를 풀게 되면 왜 그렇게 풀어야 하는지도 알 수 없고, 문제를 약간만 변형해도 풀지 못합니다. 따라서 문제를 풀 때 정답만 내기보다는 왜 그렇게 풀어야 하는지 스스로 질문하면서 풀어야 합니다. 그리고 틀린 문제에 대해서는 그 문제를 왜 틀렸는지 생각하면서 이해가 부족한 부분을 스스로 발견하고 설명해볼 필요가 있습니다. 또한 중요하다고 생각하는 문제나 틀린 문제를 체크해두고, 요점 노트나 오답 노트 등을 만들어 다시 살펴보는 습관이 필요합니다. 틀렸던 문제와 비슷한 문제들을 풀어보고, 스스로 문제를 만들어보는 것도 좋은 방법입니다.

Q. 도형이나 확률 등 특정 영역에 취약한 아이, 어떻게 학습해야 할까요?

A. 사람마다 약점이 있듯이 아이들마다 특히 어려워하는 영역이 있기 마련입니다. 만약 도형 영역에 취약한 아이일 경우 도형 감각이 부족해서인지, 도형 자체에 대한 이해가 부족해서인지 등등 그 원인을 명확히 파악해야 합니다. 확률의 경우 가장 기본이 되는 경우의 수를 확실하게 공부하고, 확률은 일어날 사건의 모든 경우에서 특정한 사건이 일어날 경우를 분수 형식으로 나타낸다는 개념을 명확히 이해해야 합니다. 그리고 아이의 취약한 부분을 파악하기 위해 아이가 문제를 어떻게 푸는지 자세히 관찰하는 것이 필요합니다. 특정 영역이 취약하다고 하여 그 영역만 학습할 수는 없습니다. 수학은 모든 영역이 연결되어 있기 때문입니다. 예를 들면, 분수의 개념을 명확히 이해하지 못하면 확률을 표현하는 것이 어렵습니다. 따라서 취약한 특정 영역을 학습하면서 나머지 영역도 적당한 비율을 유지하며 꾸준히 학습하는 것이 좋습니다.

Q. 스토리텔링 수학을 위해 아이에게 수학동화를 얼마나 읽혀야 할까요?

A. 스토리텔링 수학은 아이들이 재미있어 할 만한 이야기 속에 수학적인 내용을 녹여 넣으려는 시도입니다. 스토리텔링은 수학을 쉽고 재미있게 학습하기 위해 들여온 도구이기 때문에 굳이 의무감을 가지고 수학동화를 많이 읽혀야 한다는 부담을 가질 필요는 없습니다. 수학동화가 아니더라도 아이들이 다양한 책을 접할 수 있는 환경을 제공하고, 가능하다면 부모와 함께 책을 읽으면서 이야기 중에 활용 가능한 수학적인 내용을 물어보고 답하면 됩니다.

Q. 수학 문제의 답이 맞았는지 틀렸는지에만 너무 집착해요.

A. 문제를 풀고 나서 자신의 답이 맞았는지 관심을 갖는 것은 당연한 일입니다. 하지만 풀이과정에는 관심이 없고 오로지 답

에만 관심이 있다면 수학적 사고를 키우기 위해 수학을 배운다는 가장 큰 목적과 방향성을 잃어버리게 됩니다. 2017년부터 새롭게 바뀐 수학과 교육과정에서도 수학 교과의 풀이과정을 보기 위한 평가를 강조합니다. 따라서 아이가 수학 문제를 풀 때 답을 맞히는 것도 중요하지만 문제를 해결하는 방법을 다르게 할 수 있는지, 여러 가지 방법 중 가장 효율적인 방법을 어떻게 찾는지 관심을 갖고 지켜봐야 합니다. 아이가 답을 내는 과정에 관심을 가질 수 있도록 그 과정을 말로 설명하는 습관을 길러주는 것도 도움이 될 것입니다.

Q. 수학에서 서술형 문제의 답을 쓰기 싫어해요.

A. 일반적으로 서술형 문제는 답을 내는 과정을 글로 써서 표현하는 문제를 말합니다. 교사들의 수학 시험 채점 등의 어려움에도 불구하고 정책적으로 서술형 문제를 의무적으로 출제하도록 하는 이유는 수학을 공부하면서 그 과정을 이해하고 설명하는 것은 매우 중요한 부분이기 때문입니다. 아이에게 처음부터 풀이과정을 글로 쓰라고 하기 보다는 자신의 용어와 표현으로 답을 얻은 과정을 말해보는 연습을 하는 것이 좋습니다. "답을 낼 수는 있는데 설명은 못하겠어요"라고 말하는 아이도 있을 것입니다. 수학 문제를 풀어서 답을 내는 것과 어떻게 그런 답을 얻었는지 설명하는 능력은 전혀 다른 능력이기 때문입니다. 하지만 앞으로 서술형 평가는 더욱 강조될 것이고, 서술형 문제를 통해 보다 체계적으로 원리를 이해하게 되므로 지속적인 노력이 필요합니다.

Q. 수학과 관련된 게임의 승부에 너무 집착해요.

A. 수학 교구를 사용하여 게임을 하거나 보드게임을 학습에 활용할 때 지나친 경쟁심을 보이는 아이들이 있습니다. 적당한 경쟁심은 학습 의욕을 높인다는 차원에서 좋은 현상이지만 승부에

너무 집착하는 것은 좋지 않습니다. 성향에 따라 승부욕이 강한 아이가 있을 것입니다. 이때는 부모가 상대편이 되어 게임을 하면서 이기고 지는 것을 모두 경험하게 하는 것이 좋습니다. 이때 이겼다고 하여 너무 으스대지도, 졌다고 하여 너무 실망하지 않도록 해야 합니다. 역으로, 게임에서 지는 사람이 이기는 것으로 규칙을 바꿔서 해보는 것도 새로운 재미를 느끼게 하고 승부에 대한 집착을 덜게 할 수 있을 것입니다.

■ 교구 관련

Q. 수학 교구는 언제부터 사용하는 것이 좋을까요?

A. 교구 사용 시기는 특별히 정해진 때는 없습니다. 아주 어린 아이들에게는 장난감의 형태로 가지고 놀면서 다양한 감각과 신체적 기능을 기를 수 있도록 합니다. 부모는 교구를 사용할 때 아이들이 수학적인 아이디어를 떠올릴 수 있는 장면에 자연스럽게 노출되도록 하는 것이 좋습니다. 특히 모양 맞추기, 쌓기나무 등의 교구는 5세 때부터 많이 활용되는데, 아이들은 놀이로 생각하지만 수학적 감각을 키우는 데 많은 도움이 됩니다. 일반적으로 수학 교구는 비의도적인 장난감에서부터 보다 의도적인 학습의 도구로 그 목적과 쓰임이 달라지는데, 아이의 수준과 신체 및 인지발달에 따라 적절하게 사용하는 것이 무엇보다 중요합니다.

Q. 교구에 너무 의존하다 보면 나중에 교구 없이도 수학을 잘할 수 있을지 걱정돼요.

A. 어린 아이들은 수를 계산할 때 손가락을 자주 사용하는데, 그 원리를 알고 있다기 보다는 다른 사람의 방법을 따라하는 것

에서 시작하여 자연스럽게 손가락으로 셈하는 법을 알게 되는 것입니다. 그러다가 시간이 지남에 따라 손가락을 가지고 하던 연산을 순전히 머릿속에서 해결할 수 있게 됩니다. 같은 원리로 대부분의 아이들이 교구를 통해 개념을 확실히 이해하고 활용에 익숙해지면 자연스럽게 교구를 사용하지 않고도 수학 문제를 해결하는 때가 찾아옵니다.

Q. 교구로 아이들의 창의력을 길러줄 수 있는 구체적인 방법을 알고 싶어요.

A. 가장 널리 쓰이는 교구인 쌓기나무로 자유롭게 모양 만들기, 수를 제한하여 서로 다른 모양 만들기, 위·앞·옆에서 본 모양에 따라 전체 모양 만들기, 주어진 쌓기나무 개수로 친구들과는 다른 모양 만들기, 쌓기나무로 나만의 규칙 만들기 등의 활동을 할 수 있습니다. 쌓기나무를 활용한 활동들은 아이들의 수준에 맞게 개수를 늘려가면서 공간 감각과 방향 감각을 길러줄 수 있을 뿐만 아니라 아이디어를 자극하여 아이들의 상상력과 창의력을 향상시킵니다.

Q. 곱셈구구를 쉽게 익힐 수 있는 교구가 있나요?

A. 초등학교 2학년 때 배우는 곱셈구구를 쉽게 익힐 수 있는 다양한 교구가 있습니다. 크게 세 가지를 소개하면 곱셈구구의 원리를 깨우치게 하는 곱셈구구표나 주판형 교구, 연산줄 교구, 알쏭달쏭 구구단과 같은 전자 교구 등이 해당됩니다. 원숭이의 발을 이용하여 곱하는 수를 가리키면 원숭이의 팔이 답을 가르쳐주는 '원숭이 곱셈' 교구도 있습니다. 이외에도 여러 가지 보드게임의 형태로 곱셈구구를 배울 수 있는 교구들을 시중에서 쉽게 구할 수 있습니다.

Q. 아이의 분수 계산을 도와줄 수 있는 교구가 있나요?

A. 분수는 초등학교 학생들이 가장 어려워하는 수학 영역 가운데 하나입니다. 본문에서 소개한 퀴즈네어 막대와 비슷한 '레인보우 분수 타일'은 아이들의 분수 계산을 도울 수 있습니다. 이 교구는 여러 길이의 다양한 분수 타일을 이용하여 1만들기가 가능하며, 간단한 연산의 양감을 기를 수도 있습니다. 또한 다양한 형태의 분수 학습기를 이용하여 분수의 계산을 원리적으로 이해하는 것도 좋습니다. 조각이 서로 다른 피자 모형의 교구로도 분수의 개념을 재미있고 쉽게 익힐 수 있습니다.

Q. 학교에서 수학 교구를 사용한 평가의 예는 어떤 것들이 있나요?

A. 실제로 아직까지 학교에서 수학 교구를 사용한 평가는 거의 이루어지고 있지 않습니다. 그러나 새 교육과정이 시행되면서 과정 중심평가를 강조하고 있어 점차적으로 수학 교구를 사용한 평가가 도입될 것으로 보입니다. 현재로는 가장 유사한 평가가 쌓기나무 단원의 수행평가입니다. 쌓기나무를 이용하여 똑같은 모양으로 쌓기, 여러 가지 모양 만들기, 여러 가지 모양으로 쌓기 등을 할 수 있는지 평가할 수 있습니다. 교사가 학생의 활동을 관찰하면서 체크리스트에 표시를 하게 되고 필요에 따라 간단히 메모하여 이를 평가에 반영하는 예가 있습니다.

Q. 초등학교 1, 2학년 수학교과서에서 주로 사용하는 대표적인 수학 교구는 무엇인가요?

A. 교육부에서는 학교에서의 교구 사용을 권장하면서 각 학년별로 '수학교구표준안'을 제안했습니다. 다음은 초등학교 1, 2학년의 수학교구표준안에 나와 있는 교구 리스트입니다.

순번	교구명	규격	소요 기준
1	십진블록(수 모형)	일 모형, 십 모형, 백 모형	학생당 1세트
2	숫자카드(0~9까지수)	4cm×6cm	학생당 10장 1세트
3	모양 조각	모양 조각	2학생당 1세트
4	모형(연결큐브)	한 변의 길이 2cm	학생당 50개
5	수학용 바둑돌	지름 2cm 정도	학생당 10개
6	수 배열표(1~100까지수)	15cm×15cm	학생당 1개
7	덧셈 구구표	15cm×15cm	학생당 1개
8	도형판 (기하판, 고무줄 포함)	점의 개수 11×11	학생당 1세트
9	시계 모형	시침, 분침	학생당 1개
10	모형 화폐	10원, 100원, 500원, 천 원	학생당 1세트
11	숫자그림카드 (1~9까지 수)	4cm×6cm	학생당 1세트
12	산가지	낱개 10묶음	학생당 1세트
13	입체 도형 모형 세트	공 모양, 둥근기둥 모양, 상자 모양	2학생당 1세트
14	색 쌓기나무	한 변의 길이 2cm	학생당 10개
15	주사위	규격품	학생당 1장
16	평면 도형 그림카드	4cm×6cm	학생당 1세트
17	칠교판	12cm×12cm	학생당 1세트
18	쌓기나무	한 변의 길이 2cm	학생당 5개
19	양팔저울	규격품	4학생당 1개
20	모눈종이판	A4 크기(눈금 1cm)	학생당 1개
21	곱셈구구표	15cm×15cm	학생당 1장
22	모양 자	삼각형, 사각형, 원	학생당 1개
23	블록(속성 블록)	규격품	학생당 1세트

Q. 초등학교 3, 4학년 수학교과서에서 주로 사용하는 대표적인 수학 교구는 무엇인가요?

A. 다음은 초등학교 3, 4학년군의 수학교구표준안에 나와 있는 교구 리스트입니다.

순번	교구명	규격	소요 기준
1	십진블록(수 모형)	일 모형, 십 모형, 백 모형, 천 모형	학생당 1세트
2	도형판 (기하판, 고무줄 포함)	점의 개수 11×11	학생당 1세트
3	각도기	규격품	학생당 1세트
4	수학용 바둑돌	지름 2cm 정도	학생당 50개
5	컴퍼스	규격품	학생당 1개
6	모양 조각	한 변의 길이 2cm	학생당 1세트
7	분수 막대	1, 1/2, 1/3, 1/4, 1/5, 1/6, 1/8, 1/10, 1/12	학생당 1세트
8	분수 원판	1, 1/2, 1/3, 1/4, 1/5, 1/6, 1/8, 1/10, 1/16	학생당 1세트
9	시계 모형(초침 포함)	규격품	학생당 1개
10	모눈종이판	A4	학생당 1장
11	색종이	15cm×15cm	학생당 1장
12	삼각자	직각삼각형, 직각이등변삼각형	학생당 1세트
13	눈금실린더	100ml, 500ml, 1000ml	4학생당 1세트
14	계량컵	100ml, 500ml, 1000ml	4학생당 1세트
15	반투명 모눈판	A4 크기(눈금 1cm)	학생당 1개
16	모형 화폐	지폐와 동전 모두	학생당 1세트

17	색 막대	10가지 색, 10가지 크기 막대	학생당 1세트
18	계산기	사칙연산용	학생당 1개
19	자	30cm	학생당 1개
20	숫자카드(0~9까지 수)	4cm×6cm	학생당 10장 1세트
21	전자 저울	1g 단위, 2kg까지 측정	4학생당 1세트
22	저울	10g 단위, 2kg까지 측정	학생당 1개

Q. 수학 교구를 선택할 때 어떤 기준으로 해야 하나요?

A. 수학 교구 선정 시 가장 중요한 부분은 아이들이 학습하려고 하는 목표와 내용을 효과적이고 적합하게 충족할 수 있는 것인지 살펴보는 것입니다. 또한 아이들이 호기심을 가지고 친근하게 활용할 수 있는 것인지, 사용하기에 너무 복잡하지 않고 견고하며 안전한 것인지 등을 고려할 필요가 있습니다.

Q. 수학 교구는 언제까지 사용하는 것이 좋은가요?

A. 수학 교구를 사용하는데 언제까지라는 기한적인 제한은 없습니다. 교구에 따라서는 좀 더 고차원적인 방정식이나 무게 중심 등을 잘 이해할 수 있도록 돕는 수학 교구도 있습니다. 그리고 어른들도 즐겨하는 보드게임은 여러 연산이나 수학적 내용을 게임 속에서 배울 수 있기 때문에 연령이나 기한에 상관없이 언제든 활용이 가능합니다. 행여 교구의 사용 기한이 길어지면서 아이가 교구에만 의지할지 모른다는 걱정은 하지 않아도 됩니다. 수학적인 사고를 할 수 있는 일정한 시기가 되면 아이 스스로 교구의 도움 없이도 수학을 배우는 데 익숙해집니다.

본 도서의 교구 이미지는 매스티안의 플레이팩토 교구를 중심으로 사용하였으나 보다 다양한 교구 활용의 이해를 돕기 위해 다른 교구들의 이미지를 출처를 밝히고 사용하였음을 알려드립니다.

엄마, 수학에 생각을 더하다

초판 1쇄 발행 2017년 5월 4일
  3쇄 발행 2021년 12월 23일

지은이 | 박만구
발행처 | ㈜타임교육 C&P 맘스톡
발행인 | 이길호
편집인 | 이재용
기획 | 류점희, 최현철
책임편집 | 장민형
디자인 | 김수아
마케팅 | 정선영

출판등록 | 제322-2009-000050호 등록일자 2009년 3월 4일
주소 | 서울특별시 강남구 봉은사로 442(75th Avenue 빌딩)
주문전화 | 1666-1113   팩스 | 02-3409-5888
홈페이지 | http://www.playfacto.co.kr, http://www.t-ime.com
인터넷 카페 | http://cafe.naver.com/playfacto

ISBN 978-89-286-3794-2 (03370)

CIP
이 도서의 국립중앙도서관 출판시도서목록(CIP)은 서지정보유통지원시스템 (http://seoli.nl.go.kr)과 국가자료공동목록시스템(http://www.nl.go.kr/kolisnet)에서 이용하실 수 있습니다.(CIP제어번호 : 2017010519)

'맘스톡'은 ㈜타임교육 C&P의 단행본 출판 브랜드로
'엄마들의 즐거운 교육 토크'라는 의미를 갖고 있습니다.

값은 뒤표지에 있습니다.
잘못된 책은 구입하신 곳에서 바꾸어 드립니다.